왜 쓰는가

- 글쓰기의 철학 · 방법 -

최재목 지음

열린시선

왜 쓰는가 -글+쓰기의 철학·방법-

초판 1쇄 2024년 6월 24일
지은이 최재목
디자인 정재완
펴낸이 최외출
펴낸곳 영남대학교출판부
출판등록 1975년 9월 5일 경산 제16 - 1호
주소 경북 경산시 대학로 280
전화 053) 810 - 1802~3
FAX 053) 810 - 4722
홈페이지 book.yu.ac.kr
ISBN 978 - 89 - 7581 - 959 - 9 (03100)

'열린시선'은 영남대학교출판부의 브랜드입니다.

왜 쓰는가

책 머리에

우리는 '왜 쓰는가?'
오랫동안 이런저런 글을 써오면서 막연하게 품었던 의문이었다. 의문은 어릴 적부터 지금까지 그냥 해소되지 않은 채로 내 마음 속 깊이 남아 있었다.
평생 글을 써오면서도, '왜 쓰는가?'라고 물으면 말문이 막힌다. 하지만 '왜 쓰는가?'에 대해 생각을 정리하지 않고서는 나 스스로의 글쓰기 정체성이 불안했다.

마침 최근 지인으로부터 '글+쓰기 철학'에 대해 연재를 해 달라는 제안을 받았다. 이 기회에 어렴풋이 너저분하게 엉겨 있는 내 뇌리 속의 생각을 좀 가볍게 정리해보자며, 마음을 먹게 되었다. 일단 각오까지는 좋았다. 막상 쓸려고 하니 좀 막막했다.
'어떻게' '어떤 식으로' 풀어가지? 답은 없었다. 일단 '그냥, 무작정 써보는 거다!' 용기를 내어 몇 번의 연재를 마쳤다. 이 책은 연재한 원고를 가필한 것이다.

실제 무언가를 '쓴다'는 것은 심리적, 내면적인 작업이다. 그래서 '이것이다!'라며, 단 하나의 생각으로 몰아가서 정리하기란 쉽지 않다. 그러나 '구슬이 서 말이라도 꿰어야 보배다!' 어느 곳은 '논리적'으로, 어느 곳은 '은유적'으로, 어느 곳은 주관적으로, 어느 곳은 남의 생각에 기대서, 조금씩 서술해 갔다.

'우리는 왜 쓰는가'
'그냥…답답해서…무언가를 향해서/위해서…버릇처럼…살아있으니까…나로서 살기 위해서…'
결국 미완의 대답이긴 하지만, 여기에 현재의 고민과 생각이 정리되어 있다.

사실 현재 나의 글+쓰기는 좀 다양하다. '논문, 시, 에세이, 평론, 칼럼' 등. 게다가 논문 등 논리적인 글+쓰기도 있다.
돌이켜 살펴보니 여기저기 파편처럼 묻어둔 글+쓰기에 대한 단상들이 많았다. 이런 것들이 이번에 이런 글+쓰기들이 여기 대체로 모인 셈이다. 더욱이 오래전에 간행했던 『늪 - 글쓰기와 상상력의 유비쿼터스 네트워크』(영남대학교출판부(知YU智), 2006)를 〈2부〉로 하여, 〈1부〉와 연속성을 갖도록 하였다. 『늪』이란 책 또한 우연한 발상에서 이루어진 글+쓰기에 대한 방법론적 탐구였다.

〈1부〉와 〈2부〉의 시간적 차이가 18년이나 된다. 이렇게 해서 〈1부〉는 최근의 글+쓰기에 대한 생각을 담았고, 〈2부〉는 과거의 글+쓰기에 대한 발상을 담은 것이다. 간단히 말하면, 〈1부〉가 글+쓰기의 '철학'이라면, 〈2부〉는 글+쓰기의 방법으로서 서로 연속성을 갖는다고 본다.
나의 글+쓰기에 대한 생각을 자유롭게 개진할 기회를 마련해준

〈수필미학사〉 측에 감사드린다.
아울러 이 어려운 시대에 상업성이 없는 졸작을 흔쾌히 받아주신 영남대학교출판부에 감사드린다.

2024년 5월
돌돌재에서 최재목 쓰다

차례

1부 글쓰기의 철학

1. 글-쓰고-싶음

글을 쓴다는 것은 무엇인가? 굳이 하지 않아도 될 일을 억지로 하는 것일까? 아니면 원초적 본능으로 그냥 하게 되는 것일까?

아래에서는 몇 가지 대목으로 나누어서 생각을 정리해본다.

▫▪▫ '그냥' 쓴다

생각해 보면 글쓰기는 일단 '그냥 하고 싶어서'하는 인간의 '원초적 활동'이다.

누군가를 '보고 싶어!'라고 느끼듯, 무언가를 '하고 싶은' 욕구와 욕망에서 나오는 몸의 움직임(=짓)이다.

그래서 글 쓰는 사람에게 "왜 쓰느냐?"라고 물으면 - 시인 김상용(1902-1951)이 '남으로 창을 내겠소'라는 시에서 "왜 사냐건/웃지요"라고 했듯 - 바로 대답하기 곤란하여 웃어버리거나 "'그냥' 쓴다"라고 대답할 것이다. 이것이 가장 소박한 대답일 것이다.

로빈 조지 콜링우드(Robin George Collingwood, 1889-1943)가 『예술철학 에세이(*Essays in the Philosophy of Art*)』(1925)에서 "예술은 (인간이 가진) 최초의 기본적인 정신활동"[1]이라 했듯이, 글쓰

---

1 R. G. Collingwood, Essays in the Philosophy of Art(1925), (Indiana University Press, 1964), 55쪽

기도 인간이라는 생명체가 가진 원초적인 정신활동이라 하겠다.

따라서 글을 쓴다는 것, 그 이유를 물어 들어가고자 할 때, 괴테가 "그대는 원인에 따라서 행동하고, 왜 그런지 묻진 마라"[2]고 한 말에 동의하지 않을 수 없다. 그냥 쓰는 것이지 이유가 있는 것이 아니기 때문이다. '그냥 쓰고 싶다'는 의지는 '향수(鄕愁)'나 유희, 정신적 상상력을 내용으로 하는 인간의 본능적 충동인 것이다. 초기 인류가 벽화를 그리고, 살아가기 위해 불을 발명하고, 경이로운 천지에 대해 환호나 탄성을 자아내듯이 생명체의 원초적인 정신활동이다.

글쓰는 사람은 자신이 왜 쓰는지도 모르고 그냥 쓸 수 있다. 그냥 써야지 하며 무작정 다 쓰고 나서, 한참이 지난 뒤에야 "아, 내가 이런 것을 썼구나!"라는 생각이 들 때도 있다. 이렇게 보면, '말하고 싶은 것', '쓰고 싶은 것'이 먼저 있고 그것을 표현하기 위해 적절한 어휘를 찾고 골라서 문장을 만드는 사람 즉 '저자'는 없다고 할 수 있다. 다시 말해서 '저자(의 의도)'가 먼저 있는 것이 아니라, '텍스트'가 먼저 있는 것이다. 프랑스의 구조주의 철학자이자 기호학자인 롤랑 바르트(Roland Gérard Barthes, 1915-1980)는 이렇게 생각했다. 그는 "텍스트가 먼저 있고, 텍스트가 쓰인 다음에야 비로소 '그것을 쓴 자'와 '그것을 읽는 자'가 등장한다"고 말한다. 그리고 "'글쓴이가 말하고 싶은 것'과 '독자가 읽어낸 것'은 제일 마지막에 택스트의 파생물로서 만들어진다"고 본 것이다.[3]

---

2 요한 볼프강 폰 괴테, 『괴테시선VII - 노년의 시』, 임우영 옮김, (지식을 만드는 지식, 2022), 23쪽.

3 이에 대해서는 우치다 다쓰루, 『어떤 글이 살아남는가』, (원더박스, 2018), 213쪽 참조.

물론 이 쯤 되면, 다시 이런 물음을 갖게 될 것이다. '모든 텍스트는 작품인가?' 이 질문은 - 여기서 상세한 논의는 피하겠으나 - 다시 '그렇다, 그렇지 않다'는 복잡한 전문 논의로 향하게 된다.[4]

▫▪▫ '답답해서' 쓴다

흔히 우리는 마음 속에 품고 있는 뜻[意]을 '말[言]'로 표현한다. 그러나 말은 마음 속의 뜻(= 생각)을 미주알고주알 다 담아내지 못한다. 더 말하고 싶은 것이 있는데, 속이 답답하게 되면 다시 그것을 글[書]로 써서 정확히 드러내고 싶다.

그러나 글도, 말로, 마음 속에 품고 있는 무언가를 온전히 표현해내지는 못한다. 이래도 저래도 답답하기는 매한가지이다. 이런 사정을 공자는 "글은 말을 다 표현하지 못하고, 말은 (마음 속에 있는) 뜻을 다 표현하지 못한다[書不盡言 言不盡意]"[5]고 했다.

따지고 보면 '인간'이란 축복이면서 하나의 질병이자 상처이고 번민이다. 그래서 인간은 존재 그 자체로, '외롭고 - 높고 - 쓸쓸하다!'

백석이 시로 간략하게 말했다. "하늘이 이 세상을 내일 적에 그가 가장 귀해하고 사랑하는 것들은 모두 가난하고 외롭고 높고 쓸쓸하니 그리고 언제나 넘치는 사랑과 슬픔 속에 살도록 만드신 것이다"라고. 지상의 모든 것들은 결국 '가난하고, 외롭고, 높고, 쓸쓸하다.'

고대 인도인들의 눈에 우리 몸은 상처투성이로, 수행을 위해 그저 유지(보호)하다가 끝내는 버려야 할 것이었다. 참된 나는

---

4 이에 대해서는 휴 J. 실버만 지음, 『텍스트성 철학 예술』, 윤호병 옮김, (소명출판, 2009)을 참조할 것.

5 『易經』「繫辭 上」: 子曰, 書不盡言, 言不盡意.

거기에 없다. 수행자들은 온갖 물질이 출입하는 감각의 구멍을 잘 알고 잘 다스리는 일이 핵심이다.

『바가바드기타』에는 인간은 그저 아홉 개의 구멍을 가진 상처라고 보았다. 몸은 상처(=아픔)의 구멍이 숭숭 뚫린 밭이다. 지혜로운 자는 이 밭을 알고 경작하는 자라 한다. 『바가바드기타』란 거룩한 분(Bhagavad)의 노래(Gītā)를 모은 고대 인도의 경전으로, 대서사시 『마하바라타(Mahābhārata)』 제6권에 속하며 18장, 700송의 시로 되어 있는데, 기원전 4~2세기경에 성립하였다.

마찬가지로 바가바드기타 보다 뒤(기원전 150년경)에 성립한, 고대 인도의 『미린다팡하』(『미린다왕문경彌蘭陀王問經』이라고도 『나선비구경那先比丘經』이라고도 함)에서도 부처의 말을 인용하여 "육신은 끈적끈적한 살갗에 덥힌 아홉 개의 구멍이 있는 종기와 같다. 부정不淨하고 악취 있는 것이 여기저기서 흘러나온다"고 보았다. 『미린다팡하』란, 알렉산더의 후예들이 한때 서북인도를 지배했을 때, 그리스계 왕 밀린다(Milinda)가 유명한 불교학승나가세나장로(=나선비구)에게 한 질문(panha)-대답 형식의 경전이다.

우리 몸은 아홉 개의 구멍 난 상처를 이곳저곳으로 데리고 다니며, 젖 달라 밥 달라…하며 구걸하고, 먹고 싸고…하면서 세상을 더럽힌다. 그것도 모르고 우리는 그저 그것들을 애지중지 돌보거나 아끼며 토닥토닥 하루하루를 보낸다. 그래도 삶은 답답하다.

▫▪▫ '습관적으로' 쓴다

그러나 이러한 글+쓰기 사건은 특수한 것이 아니다. 피에르 부르디외(Pierre Bourdieu, 1930-2002)의 생각을 빌어 말하자면, 인간에게 전승되는 하나의 관습이나 성향 즉 '아비투스(Habitus)'라 해야 맞다. 예컨대 예술가가 자신의 예술을 제압하는 "방식, 형태, 스타일"로서 "의미 없는 대상들에까지 예술적 시선을 적용"하는 것처럼 글쓰기는 "필수적인 표시"[6]행위이다. 이것은 어떤 인식을 구조짓는 "순수한 시선의 발명"으로, "자율성을 향한 움직임 속에서 완수"된다. 그래서 "선험적으로 주어진 것"이 아니라 "역사적으로 생산, 재생산된다"[7]고 보아야 마땅하다.

▫▪▫ '그냥' 따라한다(모방)

습관에는 모방도 들어있다. 다른 사람들이 하니까 나도 그냥 한번 따라 해본다는 것이다. 이것도 인간적 관습 중의 하나이다. 최근 논의되는 거울 신경세포(Mirror Neuron)가 이것을 증명해준다. 동물 실험을 해본 결과 한 동물이 특정 움직임을 할 때, 그것을 관찰하는 다른 개체의 신경세포가 활성화되는 것을 말한다. 마치 관찰자 자신이 스스로 행동하는 것처럼 느낀다는 의미이다. 그래서 타자의 행동을 '거울처럼 반영한다'는 의미에서 이 신경세포를 '거울 신경세포' 또는 '거울 뉴런'이라 한다.[8]

물론 모방은 단순하지 않다. 배치나 나열 등의 유사한 형식이라 하더라도 행위자에 따라 그 내용을 달리할 수 있다.

> 내가 아무 것도 새로운 것을 말하지 않았다고 말하지 말라. 내용의 배치가 새로운 것이다. 같은 말도 배치를 달리

---

6 피에르 부르디외, 『예술의 규칙 - 문학 장의 기원과 구조 - 』, 하태환 옮김, (동문선, 1999), 391 ~ 2쪽 참조.

7 피에르 부르디외, 같은 책, 390쪽

8 크리스티안 케이서스, 『인간은 어떻게 서로를 공감하는가:거울뉴런과 뇌 공감력의 메커니즘』, 고인미 김잔디 공역, (바다출판사, 2018) 참조.

하면 다른 사상을 형성하는 것과 같이 같은 사상이라도 배치가 다르면 다른 논지를 형성한다.[9]

이것은 마치 마르셀 뒤샹(1887-1968)이 1917년에 선보인, 현대 미술사에서 가장 중요한 작품 중 하나로 평가받는 작품 '변기'와도 같다.

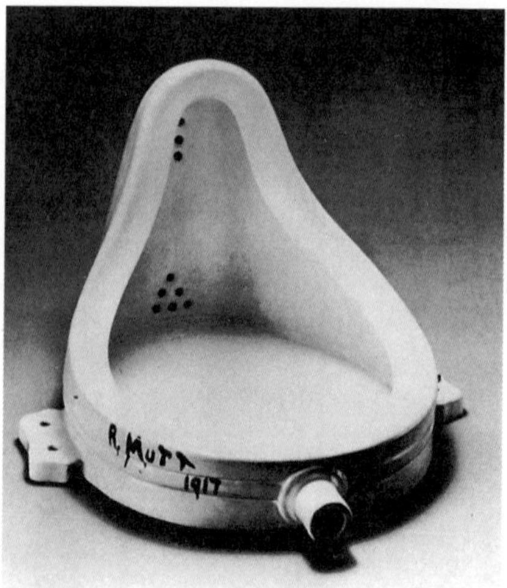

이 '변기'는 화장실에서 볼 수 있는 평범한 소변기이지만 전시 장소라는 형식의 변화로 일약 '현대미술의 상징'이 되었고 그 이전까지 내려온 예술의 정의를 바꿔버린 계기가 되었다.

---

9 유미향, 『창의적 사고와 문제 해결』, (한올, 2023), 111쪽, 볼레르 파스칼, 『팡세』, 현미애 옮김, (을유문화사, 2013), 402쪽 및 403쪽 참조

□■□ '삶의 부조리에 반항하러' 쓴다

시작도 끝도 없는 시간의 연속. 똑같은 일을 반복한다. 자고 일어나고, 또 자고 일어나고…. 또 출근하고 다시 퇴근하는 일과의 반복이다. 그러다가 문득 "왜, 이 짓을 하고 있지?" "이게 무슨 의미가 있지?"라는 생각도 해 본다. 한 마디로 삶은 별 의미가 없다. 기어코 내가 살지 않아도 이 세상은 잘 굴러가고, 내가 무언가를 하지 않아도 아무 탈 없이 잘 풀려간다. 그래서 모든 것은 사실 무의미하다.

이성복의 시 '음악'에서는 말하듯 "굳이 내가 살지/ 않아도 될 삶"이다. 긴 역사 속에서 살아가며 무언가를 남기는 일이란, 따지고 보면 아무 의미 없다. 죽음이라는 마지막 순간을 향해가지만 그런 동안을 살아내야만 할, 무의미-부조리한 존재를 알베르 까뮈는『시지프스 신화』에서 그려내고, 그 부조리를 극복하는 방법을 말해준다.

먼저 '자살'이다. 그러나 이것은 부조리로부터의 도피이지 참된 자유를 얻는 것은 아니다. 그래서 받아들일 수 없다. 생명의 종언은 세계로부터의 소멸이다. 다음으로, '맹신'盲信이다. 부조리를 넘어선 어떤 '이유', 예컨대 부조리를 전지전능한 신이 내린 시련으로 간주하게 되면 그것은 곧 부조리한 것이 아니게 된다. 실존에 앞서는 '본질'이라는 근거를 까뮈는 허용하지 않기에, 이런 식의 맹신을 '철학적 자살'로 부정한다. 그 본질이 종교적이든 과학적이건 합리적이건, 부조리를 넘어서려는 모든 안이한 맹신(신앙)은 곧 '철학적 자살'이다.

마지막으로 '반항'이다. 이것은 이 세상이 부조리한 것을 그대로 받아들이고, 모든 진실을 다 껴안은 듯한 종교적, 과학적, 합리적인 '본질'이 존재하지 않음을 이해하는 것이다. 다시 말해서 인생이 부조리-무의미함을 그대로 받아들이는 것이다. 그런 다음에 반항하며 사는 방법을 택하는 것이다. 이것을 그는 '형이상학적 반항'이라고 부른다. 사실 모든 것이 무의미하고, 더구나 삶의 부조리를 규정해줄 어떤 본질적 근거도 없다면, 오히려 그것이 인간의 자유로움을웅변하는 것이 아닐까. 즉 어차피 부조리-무의미하다면 이렇게도 저렇게도 '할' 수 있고, 또 '될' 수 있다. 스스로 선택하고 결단하며 살아가면 된다. 까뮈는 글+쓰기를 통해 반항하는 길을 택했다. 총 대신 펜을 들었다. 이렇듯 글+쓰기는 부조리-무의미를 이기는 '형이상학적 반항'의 방법론이 될 수 있다.

□■□ '흔적을 남기기 위해' 쓴다

팔레스타인 작가로서 베를린에 머물 아다니아 쉬블리는 2023년 10월 25일 경기 파주에서 열린 '2023 DMZ 평화문학축전'에서 전쟁과 여성, 평화에 대해 말한 바 있다.

그녀는 작가로서 독일 베를린에 살며 고향 팔레스타인에서 벌어지는 전쟁 앞에 패배감, 절망감을 느끼며 자신의 글+쓰기에 대해 이렇게 말했다.

> 베를린에서 저는 글 쓰는 행위를 둘러싼 고립을 더 이상 견딜 수 없었습니다. 세계가 계속해서 무너지는 동안 홀로 앉아 글을 쓰는 것 말이죠. 때때로 제 글은 제가 이 파괴(전쟁)를 목격하는 것에 따라 형성되지만, 대부분의 경우 심지어 제 인생에서조차 무언가를 바꾸는 데 별 도움이 되지 않습니다.[10]

---

10 이 부분은 2023년 10월 26일자 『경향신문』의 기사에 근거하여 다듬었다.

그래서 그녀는 결국 '팔레스타인이라는 현실과 만나기 위해' 팔레스타인 서안 지구의 비르제이트대 초빙교수 자리를 수락했다. 그녀는 거기서 "무감각한 채로 세계가 멸망하는 것을 마주했다"고 고백했다. 폭력이 일상화된 대학의 안과 밖, 2014년 7월 어느 날, 그녀에게 '나는 왜 글을 쓰는가'라는 질문이 떠올랐다고 한다. 그해 12월 베를린의 집에 머물 때였다. 새벽 1시 반경 어둠 속에서 깨어난 그녀는 벽면에 드리운 거대한 정육면체 그림자를 마주했다. "거리 가로등에서 흘러나온 희미한 빛이 유리창 주변에 놓였던 책더미를 비춰 벽면에 거대한 그림자를 만든 것이었다. 그 희미한 빛이 그 방에 몰래 조용히 그 흔적을 남긴 까닭은 내게 글쓰기를 다시 배우라는 교훈처럼 느껴졌다." 가로등으로 인한 '벽면의 그림자, 희미한 빛이 남긴 흔적'에서 얻은 '글+쓰기'의 소명감을 그녀는 이렇게 술회했다.

> 어쩌면 단어들이 이런 것일지 모릅니다. 그것들은 아무리 작더라도 가로등에서 뿜어져 나온 이 희미한 빛처럼 세상에 어떤 흔적을 남길 수 있습니다. 비참함의 진부함 앞에서 글쓰기의 소명은, 다시 한번 가로등을 켜는 사람의 그것과 같습니다.[11]

그녀의 글+쓰기는 '가로등의 희미한 빛처럼 세상에 흔적을 남기는 것'이었다.

▫▪▫ '의미를 찾으려' 쓴다

글+쓰기는 무언가를 '남기려는' 일이다. 흔히 호랑이는 죽어서

---

11 이 부분은 2023년 10월 26일자 『동아일보』의 기사에 근거하여 다듬었다.

'가죽'을 남기고, 사람은 죽어서 '이름'을 남긴다고 했다. 여기서 말하는 '가죽'과 '이름'처럼 인간은 자기 존재의 '표식' 혹은 '표시'를 남기고 싶은 것이다. 흔히 동물들이 본능적으로 영역 표시를 하듯 인간들도 '나(자기)'라는 존재를 표시하고픈 것이다. 한 마디로 존재의 '의미'를 찾고자 하는 것이다.

우리 주변에는 아무 데나 낙서하고 싶어 하는 인간이 있듯이, 무언가를 남기고 싶은 의지가 인간에게 있다. "동그라미 그리려다 무심코 그린 얼굴/…빛나던 눈동자/동그랗게 동그랗게 맴돌다가는 얼굴"이란 노래(윤연선의 「얼굴」) 가사에서 알 수 있듯이, 글+쓰기에는 '눈동자가 있는 얼굴' 같은 자신의 의미를 담고 싶어 한다.

텅 빈 공간이나 백지 위에, 깨끗한 해변가에, 허허벌판 위에, 폐허 위에, 큰 바위에다 인간은 그 무언가를 '새기고(=표시하고)' 싶어 한다. 아마도 그래야만 마음이 놓일 것이다. 그냥 무(無)-공허空虛 상태로 놔두기보다는 자기를 확대하며 그 불안감을 지워 나가고 싶은 것이다. 이렇게 무언가를 표식-표시하면서, 그것에 스스로를 심어(묻어) 두려는 욕망은 무한시간과 무한공간을 '인간 지성의 통제' 하에, '인식 가능한 형식' 안에 두려는 노력이다. 다르게 보면, 인간 자신을 영원 속에서 이해하고 확대하여, 자신을 넘어선 영원, 절대의 존재가 되려는 기획이거나 욕망이라 봐도 좋겠다.

이렇게 '그 무언가'의 '표식-표시'는 결국 '뜻'을 찾는 일이며 혼돈 속에서 자신의 '정신적 의미의 영토'를 건설하고픈 사건이다. 무-공허를 분절화하여 -'도생일'(道生一: 도에서 일이 생겨났다)[12] 또는 '유생어무'(有生於無: 유가 무에서 생겨났다)[13]처럼 - 지상의 무한 시공 속에서 '나 = 자신'의 흔적 = 뜻'의 표지판 = 비석을 세우는 작업이다. 세계에 나의 의미를 부여하며 자신을 닮은 정신적 생명체를 번식해나가고 싶은 것이다.

▫▪▫ '신경, 살, 피의 진실을' 쓴다

생명에 뿌리 한, 온 몸의 감각에서 살아나온 언어는 머리로 만들어진 언어와 다르다. 예컨대 니체(F. W. Nietzsche, 1844 - 1900)는 「읽기와 쓰기에 대하여」에서 "피로 써라!"고 말한다: "일체의 글 가운데 나는 피로 쓴 것만을 사랑한다. 쓰려면 피로 써라. 그러면 너는 피가 곧 넋임을 알게 될 것이다. 다른 사람의 피를 이해한다는 것은 쉬운 일이 아니다. 그래서 나는 게으름을 피워가며 책을 뒤적거리는 자들을 미워한다."[14]

루마니아 출신의 프랑스 수필가 비평가인 에밀 시오랑(Emil M. Cioran, 1911 - 1995)은 「진리, 터무니없는 낱말」에서 '신경과 살과 피로 고통스러워하는 신체적 진실'을 중시한다. 그런데 이것은 불안에서 나온다고 하였다: "진실을 외면하고, 신경과 살과 피로 고통스러워하지 않는 인간들이 말하는 지혜를 혐오한다. 내가 원하는 것은 생명의 진실, 우리의 불안에서 나오는 신체적 진실이다."[15]

---

12 왕필본 『노자』42장.

13 왕필본 『노자』40장.

14 프리드리하 니체, 『차라투스트라는 이렇게 말했다』, 장동호 옮김, (책세상, 2012), 63쪽.

15 에밀 시오랑, 『해뜨기 전이 가장 어둡다』, 김정숙 옮김, (챕터하우스, 2013), 157 ~ 8쪽.

글+쓰기는 스스로의 생명에다 심지를 박은 촛불처럼, 자신의 신경, 살, 피에다 생각을 담그고 거기서 나오는 상상력과 개성을 잉크 삼아 쓰는 몸+짓이다.

▫▪▫ 조지 오웰의 '글을 쓰는 동기'

영국의 작가이자 저널리스트인 조지 오웰은 '글을 쓰는 동기'에 대해서 다음과 같이 네 가지로 정리한 바 있다.[16]

①순전한 이기심: 똑똑해 보이고 싶은, 사람들의 이야깃거리가 되고 싶은, 사후에 기억되고 싶은, 어린 시절을 푸대접한 어른들에게 앙갚음하고 싶은 등등의 욕구.
②미학적 열정: 외부 세계의 아름다움에 대한, 또는 낱말과 그것의 적절한 배열이 갖는 묘미에 대한 인식 등.
③역사적 충동: 사물을 있는 그대로 보고, 진실을 알아내고, 그것을 후세를 위해 보존하려는 욕구.
④정치적 목적: 세상을 특정 방향으로 밀고 가려는, 어떤 사회를 지향하며 분투해야 하는지에 대한 남들의 생각을 바꾸려는 욕구.

오웰이 말하는 '순전한 이기심/미학적 열정/역사적 충동/정치적 목적'은 내가 위에서 말한 '우리는 왜 쓰는가?'의 내용에 거의 포섭된다고 본다.

---

16 조지 오웰, 『조지 오웰 에세이, 나는 왜 쓰는가』, 이한중 옮김, (한겨레출판, 2010), 292~4쪽.

▫▪▫ '~처럼 되기'로서의 글+쓰기

=마지막으로 추가하고픈 것이 있다. '글+쓰기'는 쓰는 자가 그렇게 여망한 '것'으로 '되기'라는 점이다.

다시 말해서, 글+쓰기가 하나의 실천으로서 존재한다는 것이다. 마치 『장자』에서 '나 닭 탄환 말'과 같이 윤회하듯 '글+쓰기' 또한 그렇게 '쓰고 싶은 대로 되기'이다.

> 자여子輿가 별안간 앓아누웠다. (중략) 자여는 비틀거리며 우물가로 가서 수면에 자신의 모습을 비추더니 다시 말했다. "아아, 저 조물주가 나를 이렇게 곱사등이로 만들고 말았구나." 자사子祀가 말했다. "자네는 그게 싫은 거로구만." 자여가 대답했다. "아닐세. 어째서 싫겠는가? 점점 내 왼팔이 바뀌어 닭이 된다면 나는 때를 알리겠네. 점점 내 오른팔이 바뀌어 탄환이 된다면 올빼미라도 쏘아서 구이로 만들겠네. 점점 내 엉덩이가 바뀌어 바퀴가 되고 내 마음이 말馬이 된다면 그것을 타고 가겠네.[17]

들뢰즈는 이런 생각에 접하여, 중국의 사상 속에는 이처럼 사람이 동물로 바뀌고, 꽃으로 되고, 돌로 되고, 지각할 수 없는 무엇이 되어 '벽과 벽을 거침없이 넘어서는' 논리에 주목하기도 한다.[18]

---

17 『莊子』「大宗師」. "俄而子輿有病, (중략) 足鮮而鑑於井, 曰, 嗟乎, 夫造物者又將以予為此拘拘也, 子祀曰, 女惡之乎, 曰, 亡, 予何惡, 浸假而化予之左臂以為雞, 予因以求時夜, 浸假而化予之右臂以為彈, 予因以求鴞炙, 浸假而化予之尻以為輪, 以神為馬, 予因以乘之."

18 질 들뢰즈 펠릭스 가타리, 『천 개의 고원』, 김재인 역, (새물결, 2003), 356쪽

그래서 그는, "어떻게 벽을 뚫을 것인가? (…) 벽을 통과하기, 중국인들은 아마도 할 수 있을 것이다. 그러나 어떤 대가로? 동물 - 되기, 꽃이나 바위 - 되기를 대가로 또는 이상한 지각 불가능하게 - 되기" 운운하며, 중국인들은 '벽을 통과할 수 있다'고 보았다.

> 어떻게 벽을 뚫을 것인가? (…) 벽을 통과하기, 중국인들은 아마도 할 수 있을 것이다. 그러나 어떤 대가로? 동물 - 되기, 꽃이나 바위 - 되기를 대가로 또는 이상한 지각 불가능하게 - 되기, 사랑하기와 하나일 수밖에 없는 냉혹하게 - 되기를 대가로. 이것은 설사 제자리에서일지라도 속도의 문제이다. 이것은 또한 얼굴을 해체하기 또는 말러가 말한 것처럼 더 이상 눈을, 눈 안을 바라보지 않기, 헤엄쳐 눈을 가로지르고 자기 몸을 늘 더 큰 속도로 움직이는 빛살로 만들기인가? 물론 여기에는 예술, 최고 예술의 모든 자원이 있어야만 한다. 여기에는 글의 모든 선, 회화성의 모든 선, 음악성의 모든 선 등이 있어야만 한다. 왜냐하면 우리가 동물이 되는 것은 글을 통해서이고, 지각불가능하게 되는 것은 색에 의해서이고, 냉혹하게 기억이 없게 되는 동시에 동물이 되고 지각 불가능하게 되는 것, 즉 사랑에 빠지게 되는 것은 음악에 의해서이기 때문이다.[19]

'벽을 통과할 수 있다'는 생각은 『장자』의 「제물론齊物論」에 나오는 '호접몽'에서 '내가 나비로 되고, 나비가 나로 되는' 물화物化와 같다.

참조.

19 질 들뢰즈, 페릭스 가타리, 『천개의 고원』, 354쪽, 356~7쪽.

> 옛날에 장주가 꿈에 나비가 되었다. 훨훨 날아다니는 나비가 되어 자신이 장주라는 것도 깨닫지 못했다. 그러나 문득 잠에서 깨어나니, 자신은 엄연히 장주였다. 도대체 장주가 꿈에 나비가 된 것일까? 아니면 나비가 꿈에 장주가 된 것일까? 장주와 나비에는 반드시 분별이 있을 것이다. 그것을 일러 물화物化라고 한다.[20]

그리고 이 물화는 세상과 함께 어울려 '소요하기 - 노닐기'이다. 내가 세상이고 세상이 나인 인지적 유동성을 갖는다. 『장자』 「소요유逍遙遊」의 첫머리에서

> 북쪽 바다 끝 아스라이 먼 곳에 곤이라는 물고기가 있다. 곤의 크기는 몇 천리나 되는지 모른다. 그 곤이 변하여 새가 되는데 이름을 붕새라고 부른다, 그 붕새의 등이 몇 천리나 되는지 모른다. 붕새가 힘차게 날아오르면 그 커다란 날개는 마치 하늘을 뒤덮은 구름과 같다. 붕새는 바다의 기운이 움직이기 시작하면 그 기운을 타고 남쪽 바다로 날아간다.[21]

라고 하는 것처럼, 만물과 하나가 되어 무한 유동성을 이룬다. 물고기는 거대한 한 마리의 새가 된다. 아주 작은 것이 거대

---

20 『莊子』「齊物論」, "昔者莊周夢為蝴蝶, 栩栩然蝴蝶也, 自喻適志與, 不知周也, 俄然覺, 則蘧蘧然周也, 不知周之夢為蝴蝶與, 蝴蝶之夢為周與, 周與蝴蝶, 則必有分矣, 此之謂物化."

21 『莊子』「逍遙遊」, "北冥有魚, 其名爲鯤. 鯤之大, 不知其幾千里也, 化而爲鳥, 其名爲鵬. 鵬之背, 不知其幾千里也, 怒而飛, 其翼若垂天之雲. 是鳥也, 海運則將徙於南冥."

한 것으로 바뀌어, 저 북쪽 끝에서 남쪽 끝으로 이동해 간다. 이 쯤에서 네덜란드의 그래픽 아티스트 모리츠 코르넬리스 에셔(M. C. Escher, 1898 - 1972)가 그린 '하늘과 바다'를 떠올린다.

에셔의 '하늘과 바다'

그림에서 보면 바다 속 물고기는 어느새 새로 변한다. 하얀 색 물고기는 하늘이라는 배경으로 변하고, 원래 배경이었던 검은 바닷물은 다시 검은 새가 되어 하늘로 날아 가버린다. 물이 새로, 고기는 허공으로 바뀌는 것처럼 착각한다. 무엇이 문제인가. 그러면 왜 안 되는가.

글+쓰기도 이처럼 되고 싶은 대로 '되기'이다. 벽과 벽을 넘어 훨훨 세계로 유동해가는 것이다.

이처럼 글+쓰기는 삶의 또 다른 역동적 실천으로서 존재하는 것이다.

2. 글+쓰기, 문법, 주관화된 세계

▫▪▫ 혼돈에서 문법, '주관화된 세계'로

모든 것은 막연함(혼돈)에서 출발하여 이것저것(질서)으로 향한다. 하지만 질서에 이르고 나면 다시 혼돈으로 향한다. 뭐가 뭔지 모르는 것 즉 '두루뭉술한 것'에서 차츰 '이것저것'이 나오고, 이것저것은 다시 '두루뭉술한 것'으로 되돌아간다. 대부분의 막연한 충동은 쓰기든, 그리기든, 몸놀림이든, 소리 지르기든 어떤 형식으로든 드러난다. 예술은 그렇다.

생명의 힘은 '짓'즉 '소리, 색깔, 형체'를 얻고, 다시 그것이 어떤 '질서나 형식'을 다듬으면서 결국 '논리체계'를 갖춘다. 논리란 인간의 생각이나 추론이 가진 원리 혹은 법칙을 말한다. 글쓰기에는 어떤 형태로든 '원리, 법칙'이 들어있다. 우리들의 어림짐작은 차츰 형식을 갖추고 원리나 법칙을 향한다. 일종의 '문법'을 만들어낸다.

김우창은 『풍경과 마음』에서, 윌리엄 제임스가 인간의 '근원적인 공간체험'을 "두루뭉수리의 바탕"(an element of voluminousness), "막연한 평퍼짐한 느낌"(a feeling of crude extensity)이라는 말로 설명했다는 것을 언급하고 있다.[22]

어림짐작을 심리학 등에서는 '휴리스틱'(Heuristics)이라 한다. 이것을 바탕으로 추리, 추론이라는 분석적 판단이 생겨난다. 인간의 뇌 속에는 '직관적-휴리스틱 처리 시스템(=자율적 시스템)'이 작동하고, 동시에 '논리적-계통적 처리 시스템(=분석적 시스템)'이 작동한다. 전자는 '자연 욕망의 나(=하고 싶은 나)'이

22 김우창, 『풍경과 마음』(김우창전집 12), (민음사, 2016), 84쪽.

고 후자는 '당위 - 도덕의 나(= 해야 할 나)'이다.[23]

이 점을 동양적 전통에서 다시 정리하면, 전자는 '기(氣. 에로스)'의 움직임이고, 후자는 '리(理, 로고스)'의 움직임이다. 기는 무언가를 '하고 싶음'이고, 리는 이렇게 저렇게 '해야 함'이다.

이런 과정들이 '글 + 쓰기'에서도 적용된다. 백지 위에다 막연히 무언가를 쓰고 싶은 관심에서 글쓰기가 이루어지고, 그런 실천을 통해서 여러 형식이 생겨나고, 마침내 '문법'이 탄생한다.

'글 - 쓰고 - 싶음 → 쓰기 → 문법'이라는 프로세스는 마치 불교의 12연기에서 '무명 → 행 → 식 → 명색'처럼 무(혼돈)에서 유(질서)로의 진전을 의미한다.

예술이 '주관에 의해 재구성된 표현'[24]이듯이, 글쓰기도 쓰는 사람(= 작가)에 의해 만들어진 것이므로 그 작품은 실제와 '유사하게', 그리고 '그럴듯하게', '생기 있게' 재현한 것이다.

버질 올드리치(V. C. Aldrich)는 '재현'(representation)과 '표현'(expression)의 문제에 대해서 어떤 것을 지시하는 '기술적 묘사'(descriptive portrayal)와 자유롭게 대상을 미적으로 구체화하는 '표현적 묘사'(expressive portrayal)를 구분하고, 후자를 '대상에 생기를 주는' 방식이라 보고 있다.[25]

무언가를 보고 그리는 일이 그렇듯, 글 + 쓰기도 '주관화된 세계'로서 '사실(= 현실)'을 그 속에다 괄호 묶어버리는 형태가 된다.

---

23 우에다 마코토, 『기가 흐르는 땅 : 풍수환경학』, 최재목 감수/조용미 옮김, (21세기문화원, 2022), 68쪽.

24 조요한, 『예술철학』, (미술문화, 2015), 40 ~ 41쪽 참조.

25 조요한, 같은 책, 42쪽(최재목의 해설) 및 버질 C. 올드리치, 『예술철학』, 오병남 옮김, (서광사, 2004), 122 ~ 5쪽 참조.

▫▪▫ '루빈의 컵' - 마음의 방향과 사물의 위상

보기에 따라 달라지는 그림이 있다. 덴마크의 심리학자 에드가 루빈(Edgar John Rubin, 1886 - 1951)이 고안한 이른바 '루빈의 컵'이다.

아래를 보자. 보기에 따라 '컵(이나 꽃병)'이거나 또는 '마주 보는 두 사람'으로 보인다.

루빈의 컵

재미있게도 어느 한쪽을 보면 다른 한쪽은 보이지 않는다. 두 그림을 동시에 볼 수는 없다.[26] 우리가 음식을 먹으면서 그 맛을 잘 음미하는 동안은 잠시 말을 멈춘다.

그 무언가를 지각하는 동안은 말하지 않는다. 그리고 맛에 대해 열심히 설명하는 동안은 음식의 맛을 깊이 있게 음미해낼 수가 없다.

왕필본 『노자』(제56장)에서 말한다. "아는 사람은 말하지 않고, 말하는 사람은 알지 못한다[知者不言, 言者不知]"는 잘 알려진 구절에 대해, 혹자는 "지각하는 자는 말하지 않고, 말하는 사람은

26 우에다 마코토, 같은 책, 68쪽.

지각하지 못한다"고 번역하는 수가 있다. 틀린 번역은 아니다.

조요한은 『예술철학』에서 루빈의 컵을 두고 '어느 것으로 볼 것인가?'는 바로 "지각하는 사람의 마음의 방향에 따라 결정된다"고 한다. "마음의 방향에 따라 사물을 파악하는 구성이 이루어지는 것"이다.[27]

사실 엿의 형태는 엿장수 마음대로 자르는 것이다. 문제는 엿장수의 태도와 기량에 달려 있다.

바깥세상을 바라보면 수많은 사물이 있다. 하지만 사물은 보는 그대로 있는 것이 아니다. 그것을 바라보며 지각하는 사람의 마음 상태가 그것이 그렇게 있도록 만드는 것이다. 있는 대로 보는 것이 아니다. 보고자 하는 대로 있게 되는 것이다.

▫▪▫ 글+쓰기, 또 다른 나와의 만남, 나르시시즘

인간은 결국 인간 자신을 닮은 존재를 찾아 나선다. 글+쓰기에서도 마찬가지이다. 글+쓰기는 자신의 모습을 찾아 나서는 일이다.

기원전 6세기의 그리스 철학적 서사시인 크세노파네스(Xenophanes of Colophon, BC 570-480)는 이렇게 말한 바 있다.

> "이디오피아 사람들은 자신들의 신들이 코가 낮고 (피부가) 검다고 말하고, 트라케인들은 자신들의 신들이 (눈이) 파랗고 머리카락이 붉다고 말한다.", "소들, 말들, 그리고 사자들이 손을 갖는다면, 또한 손으로 그림을 그리고 사람이 만드는 것과 같은 작품을 만들어 낼 수 있다면, 말들은 말들과 소들은 소들과 유사한 신의 모습을 그릴 것이고, 각

27 조요한, 같은 책, 56쪽.

기 자신들이 가지고 있는 것과 같은 형체를 만들 것이다."[28]

그리고 스피노자는 '휘호 복셀'에게」 보낸 서신 가운데서 이렇게 말했다.

> "삼각형이 만일 말을 할 줄 알았다면 마찬가지로 신이 우월한 방식으로 삼각형의 속성이 있다고 말할 것이며, 원은 신이 우월한 방식으로 원의 속성이 있다고 말할 것(입니다)."[29]

인간은 무언가를 바라보지만, '보이지 않는 - 숨은 - 자신의 - 몸(신체)'이 거기에 투영되고 있다는 사실을 의식하지 못한다. 결국 내가 바라보고, 내가 만들고 싶어 하는 것은 닮아가고 있다. 글쓰기는 나를 향하고, 나와 합일을 향해서 간다.

헤르만 헤세는 『데미안』의 마지막 부분에서 이 점을 절묘하게 드러내주고 있다.

---

28 탈레스 등 지음, 김인곤 등 역, 『소크라테스 이전 철학자들의 단편선집』, 대우고전총서012, 아카넷, 2005. 206쪽 참조. 여기에는 다음과 같이 있다;

"이디오피아 사람들은 <자신들의 신들이> 코가 낮고 (피부가) 검다고 말하고, 트라케인들은 <자신들의 신들이> (눈이) 파랗고 머리카락이 붉다고 <말한다>."(『학설집』 VII. 22. 1)

"소들, <말들>, 그리고 사자들이 손을 갖는다면, 또한 손으로 그림을 그리고 사람이 만드는 것과 같은 작품을 만들어 낼 수 있다면, 말들은 말들과 소들은 소들과 유사한 신의 모습을 그릴 것이고, <각기> 자신들이 가지고 있는 것과 같은 형체를 만들 것이다."(『학설집』 V. 109. 3)

29 스피노자, 「서신56: 스피노자가 휘호 복셀에게 -서신 55에 대한 회신-」, 『스피노자 서간집』, 이근세 옮김, (아카넷, 2019), 321쪽.

> 꼬마 싱클레어, 내 말 잘 들어. 나는 가야만 해. 너도 언젠가 다시 내가 필요하게 될 거야. 크로머에 대해서 또는 다른 일로, 그때는 이미 네가 나를 불러도 이제까지처럼 말을 타거나 기차를 타고 와줄 수는 없어. 그때에 너 자신의 목소리에 귀를 기울여야 해. 그러면 네 마음속에 내가 있다는 걸 알게 될 거야. 그리고 또 한 가지. 에바 부인의 부탁인데, 나에게 키스를 해주면서 말했어. 언제든지 싱클레어가 불행하게 되거든 어머니가 해주는 거라고 말하고 이 키스를 해주라고…. 눈을 감아, 싱클레어![30]

내가 찾는 바깥의 대상은 사라지는 것이다. 그 부재를 견디는 것은 '어머니'에 안기는 일, '키스'하는 일이다.

"님은 갔지마는…님을 보내지 않는"[31]일이다. '나'와 '(나의 이상을 투영한) 님'의 만남과 키스 속에서 합일해 있는 일이다.

한용운이 '님의 침묵'에서 "날카로운 첫 키스의 추억"이라 했을 때, 그것은 인간이 모성 내에서 자타구별 없이 자신을 드러내지 않은 합일한 기억을 말하는 것이라 볼 수 있다. 글+쓰기도 '나'와 '(나의 이상을 투영한) 님'의 합일을 향해 이루어지는 나르시시즘(narcissism, 自己愛)의 상징이라 할 수 있다.

▫▪▫ '나'라는 희망 혹은 애달픔

아르헨티나의 작가 호르헤 루이스 보르헤스(Jorge Luis Borges, 1899-1986)는 자신의 글쓰기가 문학의 저쪽에 있는 '달'을 찾기 위한 것이라는 시 '달'(LA LUNA)을 남겼다.

---

30 헤르만 헤세, 『데미안』, 송영택 옮김, (동서문화사, 2011), 147쪽.

31 한용운, 『원본 한용운 시집』, 김용직 주해, (깊은샘, 2009), 30쪽.

날마다 길모퉁이 바로 돌아,
달이 하늘에 솟아 있었네.
(중략)
불가해하면서도 일상적인 달은
내 문학을
초월하는 것
나는 아네.
달 혹은 달이라는 단어는
여럿이고 하나인 기묘한 존재, 인간이
복잡한 글쓰기를 위해 창조한 어휘임을.
(하략)[32]

보르헤스가 글쓰기를 스스로의 달을 찾는 일이라 한 것처럼, 우리는 우리의 얼굴을 찾아 헤맨다.

하늘의 달은 하나이나 사실 여럿이다. 월인천강月印千江, 하나의 달이 이 강 저 강에 수 없이 비치듯이. 강 만이 아니다. 호수에도 바다에도, 그리고 나와 너의 마음 속에도 언제나 떠 있다. 어쩌면 언어로서의 '달'과 바깥의 실제 달은 다르지만 달을 지시하는 언어를 통해 달 자체에 다가서기에 양자는 다르면서도 같은 것이다. 그러나 달을 쳐다보면서 확인하는 것은 달이 아니라 '나'라는 모습, 나의 얼굴이다.

▫▪▫ 저기가 여기

우리가 찾는 '그것'은 어디에 있는가? '이곳'에 있지 '저곳'에 있지 않다. 진정한 것은 저쪽에 있다고 말하기도 하지만 결국 그것은

---

32 호르헤 루이스 보르헤스, 『창조자』, 우석균 옮김, (민음사, 2019), 53~55쪽.

여기에 있다. 송나라 때 무명의 비구니가 지었다고 전하는 오도송 '심춘'(尋春: 봄을 찾다)에서, "짚신이 닳도록 봄을 찾아 돌아다녔건만, 정작 봄은 우리 집 매화나무 가지에 걸려 있었네"[33]라고 하듯 말이다.

인간은 외부, 타자를 통해서 자신을 관찰하고, 자신을 인식하고, 자신을 느낀다. '나 → 남(타자) → 나'의 순환 속에서 '남'은 나의 거울이다. 글+쓰기 속의 내용은 나의 거울이 되어 자신의 모습을 고요히 비추고 있다.

3. 쓰기 = 지우기; 존재 = 망각; 파름(약) = 아콘(병)

▫▪▫ 글+쓰기는 혼돈의 죽음

그러나 글쓰기는 여전히 많은 문제를 안고 있다. 마치 다음의 『장자』에 나오는 혼돈의 죽음이라는 이야기처럼 말이다.

> 남해의 제왕을 숙이라고 하고, 북해의 제왕을 홀이라고 하며, 중앙의 제왕을 혼돈이라고 한다.
> 숙과 홀이 어느 때 혼돈의 땅에서 만나게 되었다. 혼돈이 이들을 매우 잘 대접하였다. 그러자 숙과 홀은 혼돈의 은덕에 보답할 것을 의논하여 이렇게 말하였다.
> "사람들은 모두 일곱 개의 구멍을 가지고서, 보고 듣고 먹고 숨 쉬고 있는데, 이 혼돈만은 이것을 가지고 있지 않소.

---

33 이 시는 송나라 나대경(羅大經)이 지은 『학림옥로(鶴林玉露)』에 이렇게 실려 있다; 子曰, 道不遠人, 孟子曰,道在邇而求諸遠, 有尼悟道詩云, 盡日尋春不見春, 芒鞵踏遍隴頭雲, 歸來笑撚梅花嗅, 春在枝頭已十分(羅大經, 「道不遠人」, 『鶴林玉露』卷之六 丙編, (中華書局, 1983), 346쪽)

> 그에게도 구멍을 뚫어줍시다.”
> 그러고는 혼돈의 몸에 하루에 한 구멍씩 뚫어 나갔다. 그러자 7일 만에 혼돈이 죽어버렸다.[34]

그렇다. 글쓰기에도 이런 양면성이 있음을 상기시킬 필요가 있다. 즉 ‘글-쓰고-싶음’이라는 막연한 충동과 욕망은 그 자체로 의미가 있고 풍요로운 상상력을 갖는다.

그런데 이런 부풀어 오른 충동과 욕망은 문법 즉 쓰기라는 질서가 관여함으로써, 기가 죽고 김이 빠진다. 그 원래의 상상력을 상실하고 만다. 다시 말해 ‘글-쓰고-싶음’의 상상력이 ‘논리’로 인해 죽어버리고 마는 것이다. 결국 ‘쓰기’는 ‘쓰여지는=살아남은’ 그것만을 남기고 그 나머지를 ‘지우기=죽이기’를 통해서 존재한다. 쓰기는 곧 지우기이다. 얄궂게도 쓰는 일은 그 외의 다른 것을 지우는 일이다.

▫▪▫ 골라내기와 구분의 무서움

우리의 마음은 여러 가지가 있을 경우 그 무언가를 골라내고 구분한다.

그레고리 베이트슨(Gregory Bateson, 1904-1980)은 『마음의 생태학』에서 ‘골라내기와 구분’을 말한다. 즉 그는 『성경』 구약 창세기 1장의 예를 들어, <하느님께서 하늘과 땅을 창조> → <빛과 어둠, 빛=낮/어둠=밤이라 부름; 첫째 날> → <궁창을 하늘이라

---

34 『莊子』「應帝王」: 南海之帝爲儵, 北海之帝爲忽, 中央之帝爲混沌. 儵與忽時相與遇於混沌之地, 混沌待之甚善. 儵與忽謀報混沌之德, 曰, 人皆有七竅以視聽食息, 此獨無有, 嘗試鑿之. 日鑿一竅, 七日而混沌死.

부름; 둘째 날>…[35] 식으로 개념적 '질서와 위상'이라는 문제를 포함하여 '골라내기와 구분'에 주목한다.[36]

이 문제가 사회적 정치적으로 진행되면, 이름붙이기(命名, 名稱)와 실천이 수반되고, 이것과 저것, 나(우리)와 너(타자)의 구별이 따르며, 차별 - 규제 - 감시 - 배제 - 삭제 - 혐오로도 이어질 가능성을 부정할 수 없다.[37]

이것을 글 + 쓰기에 적용하면, 무언가를 쓴다 - 그린다 - 만든다는 것은 그것 외의 것을 어떤 형태로든 '밀어내고 있음'(차별 - 규제 - 감시 - 배제 - 삭제 - 혐오)을 의미한다. 그렇게 함으로써 '쓰고 - 그리고 - 만들어 내는' 행위에 '쓰지 않고 - 그리지 않고 - 만들지 않은' 것을 은폐한다. 따라서 '불러냄'은 '불러내지 않음(= 내쫓음)'을 전제로 한다.[38] 내가 그리워하는 님은 그리워하지 않은 님을 전제로 한다.

이 문제는 일상의 생활 속에, 무의식적으로 폭넓게 진행되고 있다. 마음의 방향은 현실 속에서 사물의 위상을 결정해준다. '골라내기와 구분'이 사회적, 정치적, 종교적으로 진행될 경우 필연적으로 '이름붙이기'(命名, 名稱)와 그것에 따른 '실천'이 수반한다. 즉 이것과 저것, 나(우리)와 너(타자) 등의 구별이 뒤따르며, 심지어는 순서 - 차별 - 규제 - 감시 - 배제 - 삭제 - 혐오로도 이어지기 마련이다.[39]

---

35 인용자가 내용을 간략하게 요약한 것임.

36 그레고리 베이트슨, 『마음의 생태학』, 박대식 옮김, (책세상, 2013), 43 ~ 45쪽 참조.

37 그레고리 베이트슨, 같은 책, 725 ~ 6쪽 참조.

38 조르조 아감벤, 『사물의 표시: 방법에 관하여』, 양창렬 옮김, (난장, 2014), 125쪽 참조.

39 그레고리 베이트슨, 같은 책, 43 ~ 45쪽, 725 ~ 6쪽 참조.

▫▪▫ 글+쓰기 - 평범한 일상을 '말려 죽이는'

김현의 문학평론집 『분석과 해석-주鴸와 비蜚의 세계에서』를 읽은 적이 있다. 책을 펼치면 세 가지 인용문이 나온다. 먼저, 롤랑 바르트가 "문학이란 평범한 관계를…수치스런 관계로 만드는 말…"이란 구절이다. 이어서, 이것을 부연 설명하듯이 『산해경山海經』에 나오는 주鴸라는 새와 비蜚라는 짐승의 이야기를 적고 있다. 『산해경』이란 잘 알려진 대로, 수많은 기이한 이야기들을 적은 중국의 기서奇書이다.

주와 비는 어떤 동물인가? 주鴸는 "…이것이 나타나면 그 고을에 귀양 가는 선비가 많아진다." 비蜚는 "…물을 지나가면 물이 마르고 풀을 지나가면 풀이 죽는다. 이것이 나타나면 천하에 큰 돌림병이 생긴다." 둘 다 '정상적인 것'을 '비정상적인 것'으로 만드는 동물이다. 김현은 평론이라는 글쓰기를 정상적인 것을 비정상적인 것으로, 낯익은 것을 낯선 것으로 바꾸는 색다른 시선에서 출발하는 것으로 본 것이다. 주와 비 외에도 『산해경』에는 '옹顒'이 있는데, "이것이 나타나면 천하가 크게 가문다." 그리고 '부혜鳧徯'가 있는데, "이것이 나타나면 전쟁이 나게 된다."

이렇듯, 글+쓰기는 보통으로 살아 있는 평범한 일상의 세계를 소멸, 종식시켜 '말려 죽이는' 일이기도 하다. 글+쓰기는 글을 엉거주춤한 거처지에다 데려다 놓고, 독자를 만나는 동안 홀로 '고독'을 견디도록 내버려 둔다. 일상 세계를 떠나 글은 작가의 쓰기를 통해 새로 다른 나라에서 태어나 살아 있다. 그것은 현재의 죽음을 통해 새로 살아나는 일이다.

글+쓰기의 방식은 '다른 세계로의 망명'으로서, '논쟁'으로서, '치유와 힐링'으로서, '소요와 유희'로서, 또는 '저항과 투쟁'으로서 각양각색으로 다양하게 펼쳐질 수 있다.

아울러 글+쓰기는 혼돈(카오스)과 질서(로고스) 사이에서,

아포리즘(Aphorism)과 논리(Logic) 사이에서 생명체로서 살아 움직이며 생로병사를 경험한다.

혼돈(카오스) - 질서(로고스)
낙서, 메모, 시, 소설, 수필, 평론, 논문, 보고서, 공문, 논리(Logic)
아포리즘(Aphorism)

'글' = 파르마콘(parmacon): 플라톤의 『파이드로스』에서는 '글'을 '파르마콘(parmacon)'이라 부른다. 기록의 문자라는 것은 '살아있는 지혜'를 '죽은 지혜'로 변질 시키니 '파름'(약 = 치료제)이자 '아콘'(병 = 질병)인 셈이다. 약주고 병 주는 얄궂은 존재이다. 『회남자』에서는 "문자가 탄생하자 귀신이 곡했다"는 것도 이런 대목을 말해주는 것이다.

4. 글 + 쓰기, 세상의 창조? 파괴?

인간들이 하늘에 이르고자 탑(바벨탑)을 쌓기 시작하자 신은 그 과도한 야망을 우려해 인간들이 서로 소통하지 못하게 언어를 혼돈시키고 사람들을 각처로 분산시켰다는 『구약성서』의 이야기는 언어 - 문자가 신의 영역에서 인간 자율로 넘어가는 경우의 불안감을 은유한다.

중국 고대 황제(皇帝) 때에도 창힐(蒼頡)이 글[書]을 만들자 하늘[天]은 백성들이 이런 지엽적인 일에 몰두해 농사를 소홀히 하여 굶어 죽을까 걱정해서 좁쌀(粟)을 비로 내려보냈으며, 귀신(鬼)은 문자로 인해 질책받거나 인간들이 진실로부터 멀어져 말단의 허위에 골몰해 굶주릴까 봐 밤새 슬피 울었다는 이야기가 『회남자』에 전한다.

왜 그랬을까? 언어-문자, 글+쓰기의 탄생은 마치 『산해경』의 주鴸-비蜚-옹顒-부혜鳧徯 같은 짐승처럼 세상의 상식과 일상적 견해를 뒤바꾸거나 망가뜨릴 수 있음을 암시한다.

다시 말해서 언어-문자, 그리고 글+쓰기는 세상을 건설하기도 하지만 인간의 혼백을 빼앗고, 결국 세상을 '인간 자신들만의 소유'='말장난의 아수라장'으로 만들어 버릴 수 있다는 뜻이다. 이런 '귀신이 곡할 지경'은 한편으로는 '인간들의 천국'의 서막을 알리는 것이기도 하다. 다른 편으로는 인간들이 자연으로부터 멀어져 결국 스스로의 문명과 그 자위 속에서 타락해갈 멋진-불안-불편한 '지성의 기획'일 수도 있다는 점을 일깨워준다.

과연 글쓰기란 무엇인가? 글을 쓴다는 것, 그 밑바닥에 숨어있는 것, 그리고 그 너머에 있는 것은 무엇인가?

2장 꺼진 '불꽃' 찾기, 그 역설과 방법

1. '꺼진 불꽃' 찾기

▫▪▫ '언어'라는 '길'에 기대

글+쓰기는 궁극적으로 인간 자신의 고향을 찾아가는 길이다. 그 고향은 자신이 있었던/있고 싶었던 곳의 회상이나 기억이다. 그 곳으로 가는 길은 내면의 길이거나 은유의 길이다.

한때 불꽃이 타오르던, 아니 지금도 타오르고 있을지 모를 그곳에 대한 향수를 저버리지 않았다면 우리는 그곳으로 눈길이 향한다.

그곳을 어떻게 찾아갈 것인가. 결국 언어를 통해서이다. 언어의 배열과 다듬기 즉 글+쓰기를 통해서 그 표식과 이정표를 따라가야 한다.

▫▪▫ 메마른 '지혜의 해골'을 좌표 삼아

흰 종이는 사막이다. 컴퓨터의 텅 빈 화면은 모래바람만 부는 광막한 땅이다. 수많은 생각과 떠도는 정보 그리고 허다한 수사(레토릭)는 메말라 빠진 지혜의 해골들, 유해들이다. 그것을 표식 삼아서 혹은 그 주변을 맴돌며 자신이 진정 찾아야 할 세계를 향해 길을 걸어가야 한다.

어디로 가야 할지도 모르고, 악귀들이 나타나며, 길을 잘못 들 경우 목숨을 잃기도 한다.

다음은 '구도求道'의 여행을 떠났던 두 승려의 리얼한 체험의 기록이다.

인도로 구법 여행을 떠난 법현法顯이 『역유천축기전歷遊天竺記傳』에서는 말한다.

> 사하(沙河, 고비사막)에는 악귀들이 많이 있고, 열풍이 불어 이들을 만나게 되면 모두 죽게 되어 한 사람도 무사할 수 없다고 한다. 위로는 나는 새 한 마리 없었고 아래로는 달리는 짐승 한 마리 없었다. 한없이 넓고 망망하여 그 끝이 어딘지 바라보며 가려고 하면 어디로 가야할지 헤아릴 수 없었다. 오직 죽은 사람과 메말라 빠진 해골들로 표식을 삼았다.[1]

마찬가지로 인도 구법여행을 떠났던 현장玄奘의 평전 『대당대자은사삼장법사전大唐大慈恩寺三藏法師傳』에서도 말한다. 즉 사하라 사막은 온통 모래뿐인데 바람 따라 모이고 흩어진다. 발자국이 남지 않아 길을 잃는 수가 많다. 그래서 그곳을 왕래함에 있어서는 유해遺骸를 목표물로 삼는다. 바람이 일기 시작하면 사람 짐승 할 것 없이 눈을 뜨지 못하며 때로는 노랫소리가 들리고 때로는 울부짖는 소리도 듣게 되는데 그것을 듣는 사이 어디로 가는지 모른다. 이렇게 해서 가끔 목숨을 잃는 경우가 많은데, 이는 모두가 악귀의 소행이라고 하였다.

옛날에는 사하沙河라고 불렀던 곳이었다. 하늘에는 새 한

---

1 김규현 역주, 『불국기』, (글로벌 컨텐츠, 2013), 48~49쪽; 활안, 『법현 현장 의정 혜초 스님의 죽음의 설현을 넘어선 인도여행기』, (불교정신문화원, 2013), 26쪽 참조.

마리 날지 않고 땅에는 달리는 짐승도 없으며 또 물과 초목도 없는 곳이었다.

이때부터는 사방을 돌아보아도 그림자라고는 오직 법사 하나일 뿐이었다. 법사는 관세음보살과 『반야심경般若心經』을 마음속으로 염하였다.

옛날에 법사가 촉에 있을 때 한 병자를 만났었는데, 병자는 몸에 부스럼이 터져 나와 더러운 냄새를 풍겼고 의복은 다 찢어지고 더러웠었다. 법사는 불쌍히 여겨 절로 데리고 가서 의복과 음식 값을 준 일이 있었다. 이에 병자는 부끄럽고 미안한 생각에 법사에게 이 『반야심경』을 주었는데 법사는 그것을 항상 독송했다.

그때 사하를 건널 때에 여러 기이한 종류의 악귀惡鬼들이 그를 둘러싸고 앞길을 방해하여 관음보살을 염송念誦했으나 완전히 물러가지 않았다. 그래서 다시 『반야심경』을 독송했더니 모두 소리를 지르며 흩어졌다. 그러니 위기를 만날 때마다 대사를 구해준 것은 바로 이 경전이라 하겠다.

이때 1백여 리를 가다가 그만 길을 잃어서 야마천을 찾았으나 찾을 수가 없었다. 목이 말라서 물을 마시려고 주머니를 내리는데 주머니가 무거워 실수로 엎지르고 말았다. 천 리를 가는 동안 마실 물을 그만 한꺼번에 다 쏟아버린 것이다. 게다가 길을 잃어 맴돌기만 할 뿐 가야 할 방향을 알 수가 없었다. 이에 동쪽으로 발길을 돌려 제4봉으로 되돌아가기를 결심하고 10여 리쯤 왔을 때 다시 생각했다.

'나는 처음에 발원할 때 만약 천축天竺에 이르지 못한다면 끝내 한 걸음도 동쪽으로 옮기지 않겠다고 했는데, 지금 어째서 되돌아오고 있는가. 차라리 서쪽으로 가다가 죽을지언정 어찌 동쪽으로 되돌아가서 살기를 바라겠는가?'

> 이에 말고삐를 되돌려 오직 관음觀音만을 염송하면서 서북쪽으로 나아갔다.
> 이때 사방을 돌아보니 망망한 사막일 뿐 인적도 없고, 하늘을 나는 새의 자취도 완전히 끊어졌다. 밤에도 요사스런 도깨비의 불빛이 찬란하기가 마치 무성한 별빛 같았고, 낮이면 거센 바람이 모래를 휘몰아 흩뜨리는 것이 마치 소나기가 쏟아지는 것 같았다.[2]

글+쓰기 또한 단순한 문자의 배열을 넘어, 위의 구법승이 겪은 험난한 여행담처럼, 인문적 진리에 닿으려는 조용하고도 치열한 정신적 수련이자 과정이다.

□■□ 글-불꽃(정신, 표정, 몸짓)을 지운

글은 불꽃을 찾아가는 과정이다. 그 자체가 목적은 아니다. 글 자체에는 타오르는 불꽃이 없다. 신비도 없다. 오직 글+쓰기는 서사를 만들므로 도리어 신비를 허물거나 불을 꺼버린다.

사실 문자적 '쓰기'(리테라시)는 구두로 '말하기'(오랄리티)와 달리 생생한 인간의 느낌이나 표정, 감정을 담아낼 수 없다. 쓰는 순간 인간의 소울(정신), 에스프리는 사라지고 만다.

그래서 중국 명대의 왕수인(王守仁, 1472-1529, 호는 陽明)은 문자로 만들어진 글과 책에 대한 문제점을 비평한다.

즉 그는 성현이 남긴 '글'은 그 사람의 '정신이나 기분, 말하고 웃는 모양이나 행동'까지 다 표현하지 못하고, 겨우 '사람들에

---

2 현장, 『대당대자은사삼장법사전』. 여기서는 <동국대학교한글대장경>[대당대자은사삼장법사전 K.1071(32~647)][https://abc.dongguk.edu/ebti/c2/sub2_pop_ls.jsp]을 활용하였다.

게 대략적인 형상만 보여주고' 그것으로 '참모습을 탐구하게 한 것'이라고 보았다.

> 사람의 마음人心이 천리天理와 완전히 하나가 되는 모습을 성현께서 글로 표현하신 것은, 마치 '초상화를 그려서 정신을 전하는 것'寫眞傳神처럼, 사람들에게 대략적인 형상만 보여주고 그들로 하여금 그 그림에 의거하여 참모습을 탐구하게 하신 것에 불과하다. 그의 정신이나 기분, 말하고 웃는 모양이나 행동은 본래 전할 수 없는 부분이 있다. 후세의 저술은 성인께서 그리신 것을 모방하여 베끼고, 자기 멋대로 분석하고 보태서 자신의 재능을 과시하고 있으니 참모습과 더욱 멀어지게 되었다.[3]

이처럼 언어 · 문자는 살아있는 그 사람의 정신(소울), 감정, 표정, 몸짓 · 발짓 · 손짓 등을 그대로 전하지 못하고 싹 지워버린다. 반면 소리 · 구술은 문자가 담을 수 없는 것들을 전해줄 수가 있다.

조르조 아감벤이 『불과 글』에서 "글이 있는 곳에 불은 꺼져 있고, 신비가 있는 곳에 서사는 존재하지 않는다"[4]고 말한 대로이며, 플라톤의 『파이드로스』에서 글을 '약(치료제)'이자 '질병'이라는 의미로 '파르마콘'(parmacon)이라 부른 것은 적절하다.

▫▪▫ 글+쓰기: 자물쇠이자 열쇠

글 나아가 그림 즉 서화書畫는 본질적 의미(이념, 사상, 진리)를

---

3 王守仁, 『傳習錄』卷上.

4 조르조 아감벤, 『불과 글』, 윤병언 옮김, (책세상, 2016), 20쪽.

가리키는 표시-표식이다. 그것의 해독에 의해 문이 열리고 길이 생겨난다. 해독이 가능할 때는 약이고, 해독이 불가능할 때는 병이다.

이 점에 대해 테오도르 아도르노(1903-1969)는 이렇게 매우 적절하게 언급한다.

> 이념적 사상은 자신이 해명하고자 하는 개념의 주위를 맴돈다. 마치 잘 보관된 금고의 자물쇠들처럼 그 개념이 열리기를 희망하는 것이다. 이때 그 열림은 하나의 개별적인 열쇠나 번호가 아니라 어떤 번호들의 배열에 의해 이루어진다.[5]

장언원(張彦遠, 당대의 화가)은 『역대명화기』의 「서화의 원류」에서, 천지를 본 딴 글자는 실제 천지 자체로부터 멀어진 것이며, 천지를 기호화해 놓은 것이기에 '살아 있는 것을 죽은 것으로 바꾼 것'임을 말한다.

> 대저 그림[畵]은 교화를 성립시키고, 인륜을 돕고, 신묘한 변화를 궁구하고, 은미함을 재며, 육경[六籍]과 공적[功]을 함께하고, 사시[四時]와 운용을 나란히 한다. 이것은 천연에서 발생한 것이며, 서술창작에 의한 것이 아니다. 창힐은 네 개의 눈을 가지고 있어 우러러 천문현상을 보았다. 그리고 새의 발자국이나 거북의 등딱지 모양을 본 따서 마침내 쓰는 글자[書字]의 형태(=상형문자)를 제정하였다. 이에 조물주는 그 비밀을 숨길 수 없게 되었다. 따라서

---

5 테오도르 아드르노, 『부정변증법』, 홍승용 옮김, (한길사, 2010), 242쪽.

하늘은 곡식을 내렸다. 신령하고 괴상한 존재들은 그 모습을 숨길 수 없게 되었다. 따라서 귀신이 밤에 울었다. 이때에 글자[書]와 그림[畵]이 한 몸이어서 아직 나눠지지 않았다. 그 모양새는 막 만들어져 아직 간략한 것이었다. 그래서 뜻을 전달할 수가 없어 글자[書]가 있게 되었다. 모양을 전달할 수가 없어서 그림[畵]이 있게 되었다. 이것은 천지와 성인의 뜻이다."[6]

서화는 기본적으로 살아있는 세계를 베낀 것이다. 생명의 세계를 죽여놓은 것이다. 즉 서화는 천지만물이라는 살아있는 생명의 세계(ⓐ)를 그럴듯하게 베껴놓은 – 다르게 말하면 '까발린' = '누설한' - 것(ⓑ)이다. 전자와 후자는 같지 않거나[ⓐ≠ⓑ], 흡사한 것 = 사이비(≒)임에도 같은 것으로 착각할 소지가 있다.

▫▪▫ '귀신이 곡哭한' 시사점

인용문에 소개된 『회남자』(「본경훈」)의 내용은, 이미 언급한대로, '조물주가 백성들이 문자의 지엽적인 일에 몰두해 농사를 소홀히 하여 굶어 죽을까 걱정해 좁쌀을 비로 내려보냈고' '귀신은 문자로 인해 질책받거나 인간들이 진실로부터 멀어져 말단의 허위에 골몰해 굶어 죽을까 걱정하여 밤새 슬피 울었다'는 내용이다.

이러한 은유는 글 + 쓰기에도 시사하는 바가 크다. 글 + 쓰기는 세상 그 자체, 혹은 그 근저와 너머로 인간을 잘 인도할 수 있는 약이기도 하고 병이 되기도 한다.

『회남자』의 '귀신이 곡哭한' 사정은 『구약성서』의 바벨탑 이야기와도 통하는 바가 있다.

---

6 張彦遠. 1976, 『歷代名畫記』, (臺灣商務書館), 7 ~ 8쪽.

잠깐 네덜란드 태생 농민화가 피테르 브뤼헐(1525? - 1569)이 벨기에의 안트베르펜 머물며 그린 바벨탑 그림 두 점 「큰 바벨탑」(1563)과 「작은 바벨탑」(1558 - 1568)을 떠올려본다.

브뤼헐의 바벨탑은 『구약성서』에 근거한다. 「창세기」 11장 1~9절에는 인간들이 하늘에 이르고자 탑을 쌓기 시작했는데, 신은 그 과도한 야망을 우려해, 인간들이 서로 소통하지 못하게 언어를 혼돈시키고 사람들을 각처로 분산시켰다는 내용이다. 이 탑의 배경이 된 16세기의 안트베르펜은 금융 및 경제의 새로운 중심지로, 브뤼셀과 더불어 유럽에서 가장 발전한 도시였다. 1569년 당시 이곳 인구가 9만 명이었다는데, 화가가 250명 중 한 명 꼴이었단다. 그림을 그려서 먹고살기가 힘들었기 때문이었을까, 브뤼헐은, 무역의 젖줄 스헬데강 가에 하늘 높은 줄 모르고 솟던, 곧 허물어지고 마는 바벨탑을 그려 인간의 욕망을 조롱하고자 했을 것이다.

『회남자』나 브뤼헐의 바벨탑에서는 그림이나 문자가 세상의 비밀을 밖으로 들춰내 사람들의 혼을 빼고 넋 나가게 하고, 숱한 거짓(가짜)의 악귀가 배회하도록 만들 소지를 간파하게 해준다.

2. 글 + 쓰기, 실제와 배반 사이에서

▫▪▫ 평범함은 언어의 죽음

글 + 쓰기는 '익숙한 = 낯익은 것/곳(= 일상 세계)'으로부터 '떨어져나가기 - 헤어지기 - 달아나기 - 멀어지기'이다. 한 마디로 실제로부터의 배반을 뜻한다.

늘 보고 듣고 접하는 것/곳은 눈앞에 있지만 전혀 흥미롭지 않다. 처음 느꼈던 신선함, 호기심, 따사로움[溫氣]은 시간이 지나면 곧 식어버리고, 달아나거나 숨어버린다. 일상은 그저 평범하고, 무기력하고 무감각해지며, 따분해진 것/곳으로 변해버린다. 의미 있던 것들이 무의미 속으로 숨는다. 특별함이나 신선함을 잃어버린 이른바 '식상한 것'이 바로 일상의 '평범함'이다.

평범함에는 어떤 특별한 의미를 갖던 것/곳이 은폐되거나 소멸한다. 별로 하고 싶은 말이 없다. 한 마디로 '할 말이 없다.' 언어의 죽음을 뜻한다. '무無'가 탄생한다. 무는 '0'이다. 0은 인식과 실천의 죽음이지 존재의 죽음은 아니다. 그것은 '있지만'(→존재) 누군가로부터 아무런 관심을 끌지 못하고(무관심 → 무인식), 누군가의 정신 속으로 옮겨가 새로운 행동으로 전환될 힘을 갖지 못하는(무능력 → 무실천) 것이다.

이렇게 언어가 없다는 것은 시간과 공간의 죽음이고 인식과 실천의 정지이다.

▫▪▫ 작가의 탄생, 새로운 '언어, 시간과 공간'의 시작

언어가 죽은 곳에서는 새로운 창조의 언어, 생명의 말씀을 찾아 나서는 사람이 생겨난다. '작가'의 탄생이다. 작가는 자신의 시간과 공간을 만들어 간다. 그것은 스스로의 '몸'화된(=肉化된) 언어를 찾는 자이다. 평범을 넘어선, 보통 사람과는 다른 안목을 가진 자라는 점에서 작가는 '초인(超人)'이다. 언어의 발견자, 개척자이다.

이육사(李陸史, 1904-1944)가 「광야曠野」라는 시에서 아래와 같이 읊었듯이 말이다.

까마득한 날에
하늘이 처음 열리고
어디 닭 우는 소리 들렸으랴.
(중략)
다시 천고千古의 뒤에

백마 타고 오는 초인超人이 있어
이 광야에서 목놓아 부르게 하리라

해돋이가 시작되는 새벽을 알리는 '꼬꼬댁'하고 닭 울음소리 들리는 것은 모든 것의 새로운 시작(첫출발) - 개벽 - 희망을 은유한다. 예컨대 『삼국유사三國遺事』 「귀축제사歸竺諸師」조에서 인도인들이 신라를 '구구탁예설라矩矩矺礐說羅'(→ 닭을 귀하게 여기는 신라)로 불렀듯이[7], '닭 울음'은 '새로운 한 소리를 시작하는' 새벽, 해돋이의 지상을 뜻한다.

일상 평범의 세계는 언어가 죽은 세상이기에 '어둠'이다. 이 어둠 속에서 '하늘 = 시간'을 열고[天開], 지상의 '닭 우는 소리'를 시작하여 지상 = 공간을 여는[地闢] 자가 작가이다. 언어를 살려서 새로운 시간과 공간의 탄생을 선언하는 초인이 되어 이야기(스토리텔링)를 시작하는 것이다.

그래서 꺼져버린 불꽃을 찾아내 다시 훨훨 타오르게 살려내는 일이다. '닭 우는 소리'가 새로운 빛의 시작을 을 알려주듯이 말이다.

▫▪▫ 글쓰기, 그 배반의 역설

관심이 식어 식상한 '싸늘해진 것/곳'에서 새로운 '따스한 것/곳'을 찾아가는 의지는 마치 사람들이 자신이 태어나고 자란 고향

---

7 원문은 天竺人呼海東云矩矩吒礐說羅. 矩矩吒言雞也. 礐說羅言貴也. 이다, 번역하면 " 천축인(天竺人)(= 인도인)은 바다의 동쪽[海東]을 "구구탁예설라(矩矩吒礐說羅)"라 부르는데, 이 '구구탁'이란 닭(= 달)[鷄]을 말함이요, '예설라'는 존귀함[貴]을 말한다."이다.

을 그리워하듯이 '맹목적'이다. 그리고 슬프게도 '쓰면 쓸수록, 쓰고자 하는 것에서, 점점 더 멀어진다'는 사실이다.

예를 들면 누군가가 '보고 싶은 사람'에 대해 노래를 부르고 있는 동안 그가 부르며 찾는 그 사람은 현재 여기에 없음(=부재)을 시사한다. 유행가 「님은 먼 곳에」(1970, 신중현 작사/작곡, 김추자 노래)에서, "마음 주고 눈물 주고 꿈도 주고 멀어져 갔네 님은 먼곳에…"처럼, 우리가 쓰면 쓸수록, 아니 정교하게 그려내면 낼수록, 글은 실제로부터 더 멀어지고 만다. 글+쓰기의 역설이다.

롤랑 바르트는 이러한 내막을 『사랑의 단상』에서 "내가 원하는 것은 바로 내 욕망이며, 사랑의 대상은 단지 그 도구에 불과하다"[8]고 잘 지적한다. 만해 한용운이 '님의 침묵'(서문 '군말')에서, "너에게도 님이 있느냐, 있다면 님이 아니라 너의 그림자니라"고 했듯, 롤랑 바르트도 "내가 원하는 것은 바로 내 욕망이며, 사랑의 대상은 단지 그 도구에 불과하다"[9]고 했다.

글+쓰기는 교묘하고 절묘할수록 그 것/곳으로부터 멀어져서, 얄궂게도 실제의 세계를 은폐, 소거하여 결국 그것으로부터 이반離叛해간다. 부재하는 그것/곳을 애타게 찾는 동안 결국 그것이 여기에 없음, 즉 '부재만이 존재함'을 증명하는 꼴이 된다.

롤랑 바르트는 '사랑하면 할수록 사랑받지 못한다. 그런 만큼 그것과 열심히 헤어지고 있다'는 사실을 언급한다.

> 부재에는 항상 그 사람의 부재만이 존재한다. 떠나는 것은 그 사람이며, 남아 있는 것은 나 자신이다. 그 사람은 끊임없는 출발, 여행의 상태에 있다. 그의 천직은 철새, 사

8 롤랑 바르트, 『사랑의 단상』, 김희영 역, (동문선, 2004), 55쪽.

9 롤랑 바르트, 같은 책, 55쪽.

> 라지는 것이다. 그런데 사랑하고 있는 나, 나의 천직은 반대로 칩거자, 움직이지 않는 자, 그 사람의 처분만을 기다리며 자리에 꼼짝않는, 마치 역 한구석에 내팽겨쳐진 수화물 마냥 '유보된' 자이다. 그것은 남아 있는 사람으로부터 말해질 수 있는 것이 아니다. 항상 현존하는 나는 끊임없이 부재하는 너 앞에서 성립된다. 그러므로 부재를 말한다는 것은 곧 주체의 자리와 타자의 자리가 교환될 수 없음을 단번에 상정하는 것이다. 다시 말하면 "사랑하는 것만큼 사랑받지 못한다는 것을.[10]

이렇듯 글을 쓰는 동안 그가 글로써 찾는 세계는 여기에 없음 즉 부재를 의미한다. 우리는 글+쓰기를 통해 그것의 부재를 찾아 나선다. 글+쓰기는 단순한 기대가 아니라 '희망' 쪽에 서 있다.

현재적 지속의 연장선에서 우연히 몽상해보는 '기대'와 달리 '희망'이라는 것은 현재 그 너머에 있는 초월적인 무언가의 필연적 도래를 믿는 것이다. 기대는 그 내용이 현재 실재함을 인정하지만, 희망은 현재 그 내용이 부재한다고 본다. 그래서 전자는 주어진 인간적 기준 아래 '현재'에 부단한 노력을 쏟게 되고, 후자는 현실을 넘어선 초월적 의미 부여를 통해 '미래'에 깊은 신념을 갖게 된다. 그러나 기대는 어긋날 수 있고, 믿음은 깨질 수 있다. 배속에 있는 아이가 얼마나 예쁘게, 똑똑하고, 건강하게 태어날지는 사실 때가 돼봐야 안다. 56억 7천만 년 뒤에 온다는 메시아로서의 미륵보살은-내가 그때까지 살아남아 반날 수도 없기에-오로지 그저 굳게굳게 '믿을' 수밖에 없다.

---

10 롤랑 바르트, 같은 책, 30~31쪽.

▫▪▫ 사랑했던 세계를 맴돌며

우리는 늘 자신이 사랑했던 세계를 가슴 속에 품고 산다. 어딘가 낯선 곳으로 멀리 떠돌더라도 결국 자신의 세계에 머물러 있게 된다.

레비 스트로스는 『슬픈열대』에서 프랑스 낭만주의 문학가 샤토브리앙(1768-1848)이 쓴 『이탈리아 기행』의 다음 글을 인용하고 있다: "사람들은 각기 그가 보고 사랑했던 모든 것으로 구성된 하나의 세계를 자기 안에 지니고 있으며, 이질적인 세계 속에서 돌아다니는 듯 보일 때조차도 항상 자기 세계로 돌아오고 있다."

글+쓰기도 그렇다. 가까이 있으면 그 '것/곳'으로부터 멀어지고 싶다. 멀어지면 다시 거기로 돌아가고 싶어진다. 이곳을 사랑했지만 다시 저곳을 사랑하게 되고, 저곳을 사랑했지만 다시 이곳을 사랑하게 된다. 윤동주의 「자화상」이라는 시에는 이러한 자신[11]에 대한 애증과 방황이 잘 표현되어 있다.

> 산모퉁이를 돌아 논가 외딴 우물을 홀로 찾아가선 가만히
> 들여다봅니다.
>
> 우물 속에는 달이 밝고 구름이 흐르고 하늘이 펼치고 파
> 아란 바람이 불고 가을이 있습니다.
>
> 그리고 한 사나이가 있습니다.
> 어쩐지 그 사나이가 미워져 돌아갑니다.
>
> 돌아가다 생각하니 그 사나이가 가엾어집니다.

---

11 레비 스트로스, 『슬픈 열대』, 박옥줄 옮김, (한길사, 2021), 150쪽.

도로 가 들여다보니 사나이는 그대로 있습니다.

다시 그 사나이가 미워져 돌아갑니다.
돌아가다 생각하니 그 사나이가 그리워집니다.

우물 속에는 달이 밝고 구름이 흐르고 하늘이 펼치고 파아란 바람이 불고 가을이 있고 추억처럼 사나이가 있습니다.

인간은 늘 마음의 '바깥 = 저쪽'으로 혹은 다시 '안쪽 = 이쪽'으로 서성거리고, 두리번거리며 산다.

글 + 쓰기는 이쪽에서 저쪽으로의 '어중간'에 걸쳐 있다. 그러나 다시 어디론가 더 나아가야 한다. 글 + 쓰기는 사유의 실천이자 명료화이다.

3. 이쪽과 저쪽의 어중간에서 내면으로

▫▪▫ 보이지 않는 '안쪽', '닫힌 창'으로

"더 잘 보려고, 일부러 문밖으로 나올 필요가 없네. 더 잘 보려고 일부러 창밖을 볼 필요가 없네. 마음 깊은 곳을 응시하고 있으면, 저절로 세상이 보이기 시작하네."

미국인 철학자 프레드 달마이르(Fred Dallmayr)가 쓴 『오리엔탈리즘을 넘어(Beyond Orientalism)』라는 책, 그 마지막에 인용한 『노자』(왕필본 47장)의 일부 내용이다.[12]

---

12 Fred Dallmayr, *Beyond Orientalism: Essay on Cross-Culture Encounter*, State University of New York Press, 1996, 222쪽.

자신에 응시할수록 세상이 더 잘 보인다는 뜻은 무엇일까. 밖으로 눈 돌려 쳐다보면 볼수록 그 욕망이 도리어 자신을 스스로로부터 소외시키고 생명력을 고갈시켜, 결국 세상으로부터 등진다는 역설을 말한다.

보들레르는 『악의 꽃』에 실린 '창窓'이란 시에서, "열린 창문 안을 밖에서 바라보는 사람은 닫힌 창을 바라보는 사람만큼 많은 것을 보고 있는 건 결코 아니다"[13]라고 했다. 닫힌 창처럼, 노출한 몸보다 꽁꽁 숨긴 몸처럼, 보이지 않는 것에서 우리는 더 많은 것을 상상하고 또 호기심을 갖게 된다. 그래서 창을 열고 보기보다는 닫힌 채로 바라보면 더 많은 것을 볼 수 있다고 하겠다. 보들레르는 이어서 "태양 아래 볼 수 있는 것은 유리창 뒤에서 일어나는 것보다 언제나 흥미가 적다"[14]고 했다.

보이지 않는 곳에 더 많은 것이 숨어 있고, 밖으로 드러난 몸통보다도 보이지 않는 이 마음 속에 더 많은 것들이 존재하며 살아 움직이는 것이다.

▫▪▫ '내면 + 자신의 언어'로 - 릴케의 글 + 쓰기

기존의 언어로는 더 이상 아름다운 것이나 신성한 것을 표현할 수 없다고 생각한 라이너 마리아 릴케(1875 - 1926). 그는 언어에 대한 위기의식을 느끼고 새로운 언어 탐구로 나아간다. 이것은 그의 새로운 글 + 쓰기에 대한 탐색이었다.

1902년부터 파리에서 조각가 로댕에게 예술작품의 조형적 형상화 방법을 배웠다는 사실은 릴케의 시작에 새로운 전기점을 가져다준다.

---

13 C. 보들레르, 『악의 꽃』, 정기수 역, (정음사, 1974), 270쪽

14 C. 보들레르, 같은 책, 270쪽

릴케는 시적 언어를 다른 매체인 조각과 그림에서 발견하고 '전율'한 바 있다. 그것은 「두이노의 비가」(제3 비가)에서 말한 것처럼, '자신 내면의 황야' '내면의 원시림'을 발견하고 자신만의 '신선한 언어'로 표현하도록 하는 큰 자극이었다.

'바라본 것'을 표현하는 '방법'은 로댕의 망치나 세잔의 물감(색채) 같은 도구 즉 새로운 언어의 탐구였다.[15] 자신 내면의 '원시림'-'황야'는 마음의 '야생'으로서, '침묵'으로 있는, 언어화 되지 않은 내면이다. 바로 동양의 '미발심체(未發心體: 아직 발동하지 않은 그대로의 본래 마음 상태)' 속으로 걸어 들어서는 일과 흡사한 것이다.

릴케가 자신만의 독특한 언어에 눈뜸은 일단 프랑스 조각가 오귀스트 로댕(1840-1917)을 만나고부터다. 독일의 한 출판사로부터 로댕의 전기를 써달라는 청탁을 받고 릴케는 1902년 파리로 간다. 그는 로댕 곁에서 조각 작업을 지켜보면서 그의 작업 방식에 매료되었다. 그의 로댕에 대한 체험은 『로댕론』(1903년 출간, 1907년 3판부터 로댕에 대한 강연 내용 추가)에 잘 드러나 있다. 말하자면 로댕은, '예술가는 작업을 통해서만 진정한 삶을 보여줄 수 있다는 것'[16]을 릴케에게 깨우쳐준 진정한 예술가이자 스승이었다.

어쨌든 릴케가 고민했던 것은 가장 '나-자기다움'의 언어를 찾아 들어가는 '태도'와 '시선'이었다. 하나의 글+쓰기 '방법'이었다. 이런 고민을 통해 그는 자신만의 글+쓰기를 단련하고자 한다. 그것은 다음의 말에 잘 집약되어 있다.

---

15 이리나 프로벤 엮음, 『릴케의 프로방스 여행』, 황승환 옮김, (문학판, 2015), 224~7쪽, 239쪽(황승환의 해설) 참조.

16 릴케, 『보르프스베데 로댕론』(릴케전집 10), 장미영 옮김, (책세상, 2000)에 실린 장미영의 「해설」(330쪽 참조)

> 오직 한 가지 방법이 있을 뿐입니다. 당신의 내면으로 들어가십시오. 당신에게 글을 쓰도록 명령하는 근거를 탐구하십시오. 그 근거가 당신의 마음 속 가장 깊은 곳에 뿌리를 내리고 있는지 살펴보십시오.[17]

1902년 여름이었다. 릴케는 로댕에 대한 글을 의뢰받고 파리에 도착. 로댕의 비서로 일하면서 사물을 깊이 관찰하고 규명하는 법을 로댕으로부터 배운다. 그때 그는 로댕의 정원에서 릴케는 특이한 조각품 하나를 만난다. 바로 '불상佛像'이다. 그는 불상에 대해 몇 편의 시를 남긴다.

그림 - 모양 등의 시각적 대상을 글로 표현하는 이른바 '에크프라시스'(ekphrasis) 기법을 도입하여 - 생각을 조각상으로 만들어 내는 로댕의 작업처럼 - 릴케는 자신만의 '독특한 시선'을 '글+쓰기'로서 완성해간다.

자신 내면의, '원시림' - '황야'/마음의 '야생'/'침묵' 속에서 아직 언어화되지 않은 '언어'를 통해 그가 표현하고자 했던 것은 무엇인가. 그것은 어떤 의미일까.

---

17 릴케, 「젊은 시인에게 보내는 편지」(1903.2.17), 『릴케의 편지』, 안문영 옮김, (지식을 만드는 사람들, 2014), 8~9쪽.

3장 고독, 언어의 독방, 요나 콤플렉스
- '내면으로, 외부로'라는 순환의 방법 -

1. 릴케의 '글+쓰기'를 읽다

▫▪▫ '자기 최상의 말'의 발견

시인 정현종은 1904년에 쓴 릴케의 편지 가운데 "실은 자기 최상의 말 앞에서는 스스로를 걸어 잠그고 고독 속으로 걸어 들어가야 해요. 말은 신선해져야 하니까요. 그게 세계의 비밀입니다"라는 말을 인용한다. 그러고 나서 릴케가 말한 '자기 최상의 말', '신선해져야 하니까'의 '신선'을 "아직 발설되지 않은 말"로 이해한다. 그리고 정현종은 "아직 발설되지 않은 말"에 대해 "과일이 나무에서 따는 순간 썩기 시작하고 물고기를 잡아 올리는 순간 상하기 시작하듯이 말도 발설이 되는 순간 낡아가기 시작한다"[1]고 재설명한다.

어쨌든 릴케의 글+쓰기는 자신의 내면 깊은 곳, 그 '침묵' 속에서 아직 언어화되지 않은 언어를 발견하고 표현하려는 목표를 갖는다. 릴케는 「젊은 시인에게 보내는 편지」(1903.2.17.)에서 이렇게 말한다. 앞서 일부 인용되었으나 다시 전체를 인용해둔다.

---

1 정현종, 「세상의 영예로운 것에로의 변용 - 젊은 시인에게 보내는 편지 -」, 『유심』VOL.82, (유심, 2015.2), 3~4쪽.

> 이제 내게 충고를 허락했기에, 나는 당신에게 그 모든 일을 그만두라고 부탁하겠습니다. 당신은 시선을 밖으로 돌리고 있습니다. 그러나 무엇보다도 지금은 그렇게 해서는 안 됩니다. 아무도 당신에게 충고하거나 당신을 도와줄 수 없습니다. 그 누구도 말입니다. 오직 한 가지 방법이 있을 뿐입니다. 당신의 내면으로 들어가십시오. 당신에게 글을 쓰도록 명령하는 근거를 탐구하십시오. 그 근거가 당신의 마음 속 가장 깊은 곳에 뿌리를 내리고 있는지 살펴보십시오.[2]

릴케는 시선을 외부로 돌리는 것이 아니라 내면으로 돌려, 그 깊은 곳으로 걸어 들어가 "글을 쓰도록 명령하는 근거를 탐구하라"고 한다.

▫▪▫ 글+쓰기의 근거: 안? 혹은 바깥?

그러나 파스칼이 『팡세』에서, "여러분 자신 안으로 들어가십시오. 거기서 여러분의 행복을 찾을 겁니다"라는 철학자들의 말을 "믿지 않는다"[3]고 했듯이, 바깥이 아니라 안으로 향하는 일이 결코 쉬운 것은 아니다. 어떤 사람들은 "당신의 내부로 들어가시오. 당신은 거기에서 휴식을 얻게 될 것이오," 또 어떤 사람들은 "밖으로 나가시오. 오락에서 행복을 찾으시오"라고 한다. 그래서 "행복은…우리 안과 밖에 존재한다"고 파스칼은 말한다.[4]

---

2 릴케, 「젊은 시인에게 보내는 편지」(1903.2.17), 『릴케의 편지』, 안문영 옮김, (지식을 만드는 사람들, 2014), 8~9쪽.

3 볼레르 파스칼, 『팡세』, 현미애 옮김, (을유문화사, 2013), 78쪽.

4 볼레르 파스칼, 같은 책, 203쪽.

그러나 릴케는 일단 글+쓰기의 '근거'를 "마음 속 가장 깊은 곳에 뿌리내리고 있는 '쓰라!'는 명령에 두라"고 한다. 그 '명령'은 '자기 최상의 말'이다. '마음의 야생-원시림-황야'에서 솟아나는 순수한 소리를 말한다.

릴케는 다음처럼 「두이노의 비가」에서 '자신 내면의 황야' '내면의 원시림'을 언급한다.

그는 사랑했다.
그는 자신의 내면의 것을 사랑했다, 내면의 황야를,
그의 내면에 있는 원시림을 사랑했다, 그곳에 그의 마음
은 말없이 쓰러진
거대한 나무들 틈에 푸른 싹처럼 서 있었다. 사랑했다"
- <제3 비가> 일부[5]

외부 세계를 향한 시선이 멎은 곳이 '자신 내면의 황야' '내면의 원시림'이다. 여기서 돋아난 '푸른 싹'이야말로 '글을 쓰도록 명령하는 근거'로서, 스스로 쓰고 싶었던 순수한 글이라 하겠다.

그런데, '내면의 황야-원시림'에서 돋아난 '푸른 싹'은 무엇인가? 자신의 무의식 즉 내면의 소리? 외부 세계가 투영된 것(그림자)? 혹은 보이지 않는 미지의 존재(신, 하나님)? 이것은 글+쓰기 발생의 '원초'에 대한 문제이다.

▫▪▫ 이른바 '내면의 소리'

서양의 기독교적 전통에서 본다면, 글+쓰기는 '그렇게 하라!'는 '소리'를 듣고 이행하는 일이다. 즉 '하나님의 (외적 혹은 내적) 부

5 릴케, 『릴케전집2/형상시집 외』, 김재혁 옮김, (책세상, 2000), 454쪽.

름'에 순수하게 부응하는 것이다. 예컨대 성 어거스틴(354-430)이 이탈리아의 로마에서 밀라노로 와서 살 때, 집 정원의 무화과나무 밑에 꿇어앉아 펑펑 눈물을 쏟던 참회의 장면을 떠올려도 좋겠다. 당시 그는 지난날의 삶을 참회하며 어린아이가 어머니 품에 안기듯, 발가숭이의 영혼으로 하나님 앞에 섰다. 그때, 참회의 눈물이 소낙비처럼 쏟아져 내렸고, 이웃집에서 홀연 소년인지 소녀인지 모를 노랫소리가 때맞춰 들려왔다. "집어 들고 읽어라, 집어 들고 읽어라(tolle lege, tolle lege)." 그 소리는 곧 하나님의 부름이었다.

하나님(=신)의 존재를 상정하지 않는 동양의 전통에서 말한다면, 『중용中庸』의 첫머리 '천명지위성天命之謂性'의 '천명天命'에 해당한다. '천명지위성'이란 '하늘이 명령한 것, 이것이 (인간 만물의) 본성이다'라는 뜻. 그렇다면 인간이 지닌 글+쓰기의 습성은 '하늘의 명령'이라 하겠다. '이렇게 저렇게 하라!'는 자연적-자발적-능동적인 내적 '부름'에 따라 글은 '쓰여지는 것'이다.

▫▪▫ 사물의 '심장=핵심'에 닿기

릴케가 말한, "마음 속 가장 깊은 곳에 뿌리내리고 있는" '쓰라!'는 순수한 명령은 사물의 심장 즉 핵심을 붙드는(=워딩하는) 일이다.

예컨대 릴케는 파리 동물원의 표범을 시로 형상화하기 위해, 표범처럼 날렵한 시선으로, 그러나 느리면서도 찬찬히, 겉에서 속으로 예리하게 관찰해 들어가 그 한 생명체의 본질을 포착하고자 했다. 그러기 위해 그는 표범의 눈동자, 사지, 심장으로 작가의 시선을 칼같이 예리하게 꽂아 넣는다.

다음 '표범'이란 시를 보자.

표범
파리 식물원에서

스치는 창살에 지쳐 그의 눈길은
이젠 아무것도 붙잡을 수 없다.
그에겐 마치 수천의 창살만이 있고
그 뒤엔 아무런 세계도 없는 듯하다.

아주 조그만 원을 만들며 움직이는,
사뿐한 듯 힘찬 발걸음의 부드러운 행보는
커다란 의지가 마비되어 서 있는
중심을 따라 도는 힘의 무도舞蹈와 같다.

가끔씩 눈동자의 장막이 소리 없이
걷히면 형상 하나 그리로 들어가,
사지四肢의 긴장된 고요를 뚫고 들어가
심장에 가서는 존재하기를 그친다.[6]

위 시의 마지막 대목 '가끔씩 눈동자의 장막이 소리 없이/걷히면 형상 하나 그리로 들어가, 사지四肢의 긴장된 고요를 뚫고 들어가/심장에 가서는 존재하기를 그친다.'에서 알 수 있듯이 릴케의 시선은 표범이라는 대상 속 깊이 '뚫고 들어가서' 결국 '심장=본질'에 닿고서야 '그친다'. 그의 시선 즉 언어가 멈춘 '핵심

---

6 릴케, 『형상시집 외』(릴케전집2), 김재혁 옮김, (책세상, 2000), 188~9쪽.

부'='심장'은 고요하다. 이 지점이야말로 '마음 속 가장 깊은 곳에 뿌리를 내리고 있는' 자신의 언어와 '대상의 본질'이 만난 침묵의 자리이다. 여기서 '자기 최상의 말'이 탄생한다. 이런 '만남'의 자리는 그의 묘비명 "장미여, 오, 순수한 모순이여,/겹겹이 싸인 눈꺼풀들 속/익명의 잠이고 싶어라."[7]의 고요한 '잠'처럼 주체와 대상이 '일치'한 곳이다. 이곳은 릴케 스스로가 찾던 안온한 '언어로 만든 집'이다. 정적 속에 자리한, '아무도 모르는 새로운 것'[8], '성에 의해 비호된 고독의 깨지지 않은 커다란 덩어리'[9]처럼, 고요만이 감도는 튼튼한 내면적-심리적 공간이다. 작가 자신만의 언어가 숙성된 사유의 집이다.

▫▪▫ 릴케, 언어로 불상을 만들다

같은 기법으로 릴케의 글+쓰기는 동양의 불상에까지 가 닿는다. 그는 로댕의 작업실 한 편에 있던 불상佛像을 쳐다보며, 세 편의 시를 남겼다.(일련번호는 인용자가 임의로 붙인 것)

①부처
이미 멀리서부터 두려운 이국의 순례자는 느낀다.
그에게서 황금빛이 방울져 떨어지는 것을,
뉘우칠 것 많은 부자들이

---

7 Rose, oh reiner Widerspruch, Lust, Niemanders Schlaf zu sein unter soviel Lidern.

8 릴케, 「젊은 시인에게 보내는 편지」(1904.8.12), 『릴케의 편지』, 안문영 옮김, (지식을 만드는 사람들, 2014), 56쪽.

9 김재혁, 『릴케와 한국의 시인들』, (고려대학교 출판부, 2011), 206쪽 참조. 이것은 릴케가 『두이노의 비가』를 완성한 뒤 쓴 한 편지에서 그의 작업을 가능케 해준 스위스 뮈조 성관(城館)에 대해 적은 것이다.

그들의 비밀로 잔뜩 쌓아올린 듯:
그러나 좀 더 가까이 다가갈수록 순례자는
그 눈썹의 숭고함 앞에 정신을 잃는다.
거기 있는 것들이 부자들의 술잔도 아니요
그들 부인들의 귀고리도 아닌 까닭이다.

이 꽃받침 위에다 이 형상을 세우기 위해
무엇을 녹여서 부었는지
도대체 그 누가 말할 수 있으랴:

황금빛 형상보다 더 말 없고 더
조용한 노란빛이다, 그리고 주위로
자신을 쓰다듬듯 공간을 어루만지며.[10]

이 시를 통해서 릴케가 불상을 물질적 재료로서, 단순한 예술작품으로서가 아니라 종교적 경지의 초월적인 성스러움을 느꼈음직도 하다. 그러나 일단 여기서 주목해야 할 것은 릴케의 글+쓰기에 대한 것이지 종교성은 아니다.

릴케는 아래의 두 작품을 더 남겼다.

② 부처
그는 엿듣고 있는 듯하다. 고요를: 먼 곳을……
우리는 멈추어 서 보지만 그 소리 들리지 않는다.
그는 별이다. 우리 눈에는 보이지 않는
다른 큰 별들이 그를 둘러싸고 있다.

---

10 릴케, 『형상시집 외』(릴케전집2), 김재혁 옮김, (책세상, 2000), 214~5쪽.

오 그는 일체이다. 정말이지, 우리는 그가 우리에게
눈길 주기를 기다리는 걸까? 그럴 필요를 그가 느낄까?
우리가 여기서 그 앞에 무릎을 꿇는다 해도
그는 침잠한 채 짐승처럼 게으름을 피우리라.

그 까닭은 우리를 그의 발 앞에 무릎 꿇게 하는 것이
그의 안에서 수백만 년 전부터 돌고 있기 때문이다.
그는 우리가 겪는 일 따위는 잊어버리고
우리 인간을 멀리하는 법을 알고 있다.[11]

이 시를 번역한 김재혁의 주석에 따르면 "로댕의 정원에 있는 부처상에서 소재를 얻은 듯하다"고 한다.[12] 그러나 로댕의 정원에 있었던 '불상'이 어떤 것인지는 알 수 없다.

③ 후광 속의 부처
모든 중심 중의 중심, 핵심 중의 핵심,
제 몸을 꼭 닫고 단맛을 더해가는 편도
모든 별들에 이르기까지의 이 모든 세계,
그것은 그대의 과육: 반갑구나.

보라, 그대 몸에 붙은 것이 이제 아무 것도 없음을 그대는
느낀다;
그대의 껍질은 무한 속에 있고
그곳엔 힘찬 과즙이 우글대고 있다.

11 릴케, 『형상시집 외』(릴케전집2), 김재혁 옮김, (책세상, 2000), 179쪽.

12 릴케, 같은 책, 351쪽.

그리고 밖에서 비치는 빛살이 과즙을 돕는다.

저 위 높은 곳에서는 그대의 태양들이 충만하게
빛살을 뿌리면서 빙빙 돌고 있기 때문이다.
하지만 그대의 내면에서는 벌써
태양들을 견뎌내는 일이 시작되었다.[13]

위의 시에서 '과육'은 불상을, '편도扁桃'는 광배를 말한 것이다.

어쨌든 릴케는 불상을 매개로 세 편의 시를 쓰고 있다. 여기에는 그 자신이 매진했던 글+쓰기의 수련이 여실히 드러나 있다. 위에서 든 '표범'에서처럼, 겉에서 속으로 예리하게 관찰해 들어가 불상이 갖는 본질을 언어로 포착해내고자 하였다. 종교적 차원의 성스러움을 묘사한 것이 아니라 그 자신의 글+쓰기에 불상이 매개적으로 활용되었던 것이다.

이것은 칼 야스퍼스가 '목조미륵반가사유상'을 접하고서 애써 그 초월적 미와 종교성을 표현하려 했던 글+쓰기와 결이 사뭇 다름을 느끼게 한다.

▫▪▫ 야스퍼스의 '목조미륵반가사유상'과 비교

1942년 하이델베르크의 가을 오후, 당시 죠치대(上智大)를 졸업한 뒤 훔볼트장학금을 받아 독일에 머물고 있던 철학자 시노하라 세이에이(篠原正瑛, 1912-2001)가 하이델베르크대학의 뒤쪽에 있는 독일의 철학자 칼 야스퍼스(Karl Jaspers, 1883-1969)의 자택을 방문한 적이 있다.

그때 야스퍼스는 서재에서 무언가를 골똘히 생각하고 있었

13 릴케, 같은 책, 347쪽.

다. 마침 이 때 시노하라 세이에이는 죽음[死]에 대한 철학적 번민을 잔뜩 껴안고 있던 터였다. 그는 '죽음'이라는 철학적 문제에 대해 야스퍼스에게 질문을 던졌다. 그러자 야스퍼스는 이런저런 자신의 견해를 피력하다가 이렇게 말한다.

> 모든 생의 순간에서 죽음을 파악하고, 인간 '실존'의 최후의 바닥에 부딪혔을 때 거기서 비로소 우리는 '죽는 것을 배울 수 있었다'고 말할 수 있습니다. 거기에는 인간이 가진 일체의 단순한 지상적인 것 – 기쁨도, 괴로움도, 성냄도, 근심도 – 을 넘어선, '인간에 있어서 절대적인 것'의 세계가 있습니다. 그것은 인간 자신 속에 있는 절대 불변하는 세계이며, 영원히 생명을 지닌 것의 세계인 것입니다….

그러고 나서 야스퍼스는 "이것을 보세요"라 하며, 책상 서랍에서 한 장의 사진을 꺼내서 시노하라에게 보여주었다. 그것은 어떤 일본의 책에서 잘라낸 것 같은 불상의 사진이었다. 그 아래 인쇄된 일본어 문장의 설명에서, 그 불상이 일본 코류지廣隆寺의 '미륵보살상'(= 목조미륵반가사유상)임을 알았다.

야스퍼스는 그에게 그 불상이 중국에서 건너간 것인지, 일본에서 만들어진 것인지를 물었다. 그러고 나서 다음과 같이 언급한다.

> 나는 지금까지 철학자로서 인간 존재의 최고로 완성된 모습을 드러낸, 여러 가지 뛰어난 예술작품을 접해왔습니다. 고대 그리스 신들의 조각상도 보았으며, 로마시대에 만들어진 많은 뛰어난 기독교적 예술품도 보아왔습니다. 그러나 이러한 것들의 어느 것에서나 여전히 완전히 초극

되지 않은, 단순히 지상적 인간적인 냄새가 남아 있었습니다. 인간의 예지와 미의 최고 이념을 표현하고자 한 고대 그리스 신들의 조각상에도 지상적인 인간의 얼룩과 감정이 초극되지 않은 채 여전히 어딘가에 남아 있었습니다. 기독교적인 사랑의 이상적 특징을 드러내고자 한 로마시대의 종교적 예술작품에도, 인간 존재 속의 참으로 정화된 사랑의 기쁨이라는 것이 완전히 표현되지는 못했다고 생각합니다. 이와 같이 그 어느 것에도, 비록 정도의 차이는 있어도, 여전히 지상적인 것에서 벗어나지 않은 인간 모습의 표현으로, 진정 인간 '실존'의 깊은 곳까지 도달한 인간 존재를 드러낸 것은 아니었습니다. 그런데 저 코류지廣隆寺의 불상에는 참으로 완성된 인간 '실존'의 최고 이념이 남김없이 표현되어 있습니다. 그것은 이 지상의 시간적인 속박을 넘어서 도달한 인간 존재의 가장 청정한, 가장 원만한, 가장 영원한 모습을 드러내었다고 생각합니다. 나는 오늘날까지 몇십년간 철학자로서의 생애에서, 이 정도로 인간 '실존'의 참으로 완성된 모습을 구현한 예술품을 여태껏 본 적이 없었습니다. 이 불상은 우리들 인간이 가진 '인간 실존에서 영원한 것'의 이념을 진정 남김없이 완전무결하게 드러내고 있는 것입니다….[14]

코류지의 불상 즉 '목조미륵반가사유상'의 국적이 한국인가 일본인가를 두고 여러 논의가 있다. 그러나 분명한 것은 불상의 양식이 우리나라 '삼국시대의 것'이고 '한반도에서 건너간[渡來] 양식'이라는 점이다.[15]

코류지廣隆寺의 '목조미륵반가사유상'木造彌勒半跏思惟像

야스퍼스는 이 불상을 두고 '극도로 완성된 인간 실존의 최고 이념이 남김없이 표현'한 것, '지상의 시간과 속박을 넘어서 달관한 인간 실존의 가장 깨끗하고, 가장 원만하고, 가장 영원한 모습의 상징', '인간 실존의 진실로 평화로운 모습을 구현한 예술품'으로 보았다. 그리고 글로 표현해냈다. 야스퍼스가 발견한 불상은 (神性이 아닌) 인간 실존의 절대성, 영원성, 아름다움의 극치를 보여주는, 종교와 예술이 합치된 '예술품'이었다. 이것은 릴케가 불상을 하나의 순수한 대상으로서 설정하고 그 본질을 자신의 언어로 예리하게 포착해내고자 했던 것과는 다르다.

---

14 篠原正瑛,『敗戰の彼岸にあるもの』, (弘文堂, 1949), 99~100쪽.

유홍준은『나의 문화유산 답사기 : 일본편 3 교토의 역사』에서, 이 시노하라 세이에이의『패전의 저편에 있는 것(敗戰の彼岸にあるもの)』의 내용을, 코류지 안내서에서 재인용하고 있다[유홍준,『나의 문화유산 답사기 : 일본편 3 교토의 역사』, (창비, 2014), 27~28쪽].

여기서 유홍준은 "독일의 철학자 칼 야스퍼스는 1945년 가을, 2차 대전이 끝난 직후 일본에 와서, 교토 코류지(廣隆寺)의 '목조미륵반가사유상'(木造彌勒半跏思惟像. 7기 전반 경)을 보고 다음과 같은 찬사를 남긴 바 있다"고 언급하였는데, 실제 원서에 보면 그런 내용은 없다. 아울러 인용한 내용도 축약되는 등의 오류가 있음을 살필 수 있다.

2. 평온한 고독, 언어의 독방

▫▪▫ 홀로 갇힘, 내버려짐, 고독의 의의

한편, 릴케의 "자신 내면의 황야" "내면의 원시림"에서 돋아난 "푸른 싹"으로서의 글+쓰기를 택한 방법론은 보들레르의 '고독' 지향, '명상의 독방'에 '혼자 있기'[16]와도 닮았다.

보들레르는 그의 산문시집 『파리의 우울』 가운데 「새벽 1시에」에서 말한다. "마침내! 혼자가 되었군! …몇 시간 동안 휴식까지는 아니라도 우리는 고요를 갖게 되리라. 마침내! 인면人面의 폭력은 사라지고, 이제 나를 괴롭히는 건 나 자신뿐이리라." 말은 또 이어진다. "마침내! 그러니까 이제 나는 어둠의 늪 속에서 휴식할 수 있게 되었다! 먼저 자물쇠를 이중으로 잠그자. 이렇게 자물쇠를 잠가두면, 나의 고독은 더욱 깊어지고, 지금 나를 외부로부터 격리시키는 바리케이드가 더욱 단단해지는 것 같다"[17]고.

인간을 만나고, 얼굴을 맞대며 사는 것의 어려움을 말하는 대목이다. 보들레르는 자발적 고독을 원했다. 그릇 속에 그릇이, 또 여러 그릇 속 묻혀들어 간 겹겹이상자, 인형 속에 인형이 5겹 6겹으로 숨어든 목제 러시아 인형 마트료쉬카처럼, 자물쇠로 문을 걸어 잠그고, 보이지 않는 몇 겹의 바리케이트를 치면서, 자신의 내면과 고독 속으로 걸어 들어가는 길은 무엇일까.

글+쓰기에서도 홀로 갇힘, 내버려짐, 즉 고독은 중요하다.

---

15 유홍준, 『나의 문화유산 답사기 : 일본편 3 교토의 역사』, (창비, 2014), 32쪽 참조.

16 보들레르, 『파리의 우울』, 윤영애 옮김, (민음사, 2014), 147쪽.

17 그리고 더 이어진다: "한 극장 지배인에게…(왜일까?) 내가 기꺼이 저지른 다른 비행들은 부인하였다. 하나는 허풍의 범죄. 다른 하나는 인간 존중의 범죄이다."[보들레르, 「새벽 1시에」, 『파리의 우울』, 윤영애 옮김, (민음사, 2014), 63~64쪽]

□■□ 언어로 지은 집 = 요나 콤플렉스

글 + 쓰기는 언어로 짓는 집이다. 이 집은 일상 세계에서 느끼는 안락한, 안전한 공간을 말한다. 서양에서 말하는 이른바 '요나 콤플렉스'이다. 가스통 바슐라르는 "우리가 어머니의 태반 속에 있을 때 우리들의 무의식 속에 형성된 이미지로서, 우리가 어떤 공간에 감싸지듯이 들어 있을 때 안온함과 평화로움을 느끼는 것은 요나 콤플렉스 때문이다"[18]라고 했다.

> 집은 인간의 육체라는 소우주와 우주 사이에서 2차적 소우주를 구성하면서 어떻게 이루어지느냐에 따라 심리적이고 심리사회학적인 진단을 하는 데 매우 중요한 역할을 한다. 우리는 이렇게 물을 수 있다. "네가 상상하는 집을 내게 말해주어라. 그러면 나는 네가 누구인지 말해주겠다." (중략) 이 소우주의 내면성은 마치 즐겨 그러듯이 쉽게 중복되고 다원 결정된다. 집은 몸과 짝을 이룬다는 의미에서 개집, 조개껍데기, 양털, 끝으로 어머니의 품과 의미적 동위성을 이룬다. 그런데 그러한 내면성에서 작동하는 것은 무엇보다 "요나 콤플렉스"의 중복이다. 우리는 "아무런 문제도 없는 최초의 안전을 되찾기 위해" 큰 것 안의 작은 집을 원하며, '구석' 어두운 작은 방, 극도로 은밀한 곳, 가장 신성한 장소 등이 맡는 역할이 바로 그것이다. 기도실 역시 그러한 역할을 한다. 중국인과 인도인은 내적인 수행을 위해 거처 중 가장 외딴 곳, "어머니의 품처럼 어둡고 닫힌" 장소에 머물도록 권한다."[19]

---

18 가스통 바슐라르, 『공간의 시학』, 곽광수 옮김, (민음사, 1990), 15쪽.

릴케가 택한 글+쓰기의 방법은 요나 콤플렉스와 닮아있다. 아니 대부분의 작가는 자신이 사랑하고 있고, 평온함을 느끼는 공간을 언어로 만들어 낸다. "아무런 문제도 없는 최초의 안전을 되찾기 위해 큰 것 안의 작은 집을 원하며, '구석' 어두운 작은 방, 극도로 은밀한 곳, 가장 신성한 장소"를 찾아낸다. 결국 글+쓰기는 자신이 사랑하고 아끼는 공간을 고독 속에서 언어로써 만들어내는 기술이다.

▫▪▫ 고독 - 만남과 창조의 힘

고독은 '독립적이고 개별적이며 독자적인 삶을 살고 싶다는 충동'[20] 혹은 '자기로 살아가는 평화'[21]를 지향하는 일이다. 그래서 올리비아 랭은 『외로운 도시』에서 언급했다: "거의 2천년 전에 에픽테토스가 썼듯이 '인간이 홀로 있어서, 그 이유 때문에 고독한 것은 아니다. 인간은 많은 사람 속에 있어도 그 때문에 혼자가 아니지는 않다." 고독은 오히려 세계를 만나고 창조하게 하는 원초적 힘이다.

> 나는 깨닫기 시작했다. 고독이란 사람들이 그 속에 머무는 장소임을. 데니스 윌슨이 부른 노래에는 내가 아주 좋아하는 가사가 들어있다. 고독은 아주 특별한 장소. …나는 지금까지 삶의 여정을 거치면서 내내 그의 말이 옳다고 믿게 되었다. 고독은 가치 없는 체험이 결코 아니며, 우

---

19 질베르 뒤랑, 『상상계의 인류학적 구조들』, 진형준 옮김, (문학동네, 2007), 310~1쪽.

20 앤서니 스토, 『고독의 위로』, 이순영 옮김, (책읽는 수요일, 2011), 19쪽.

21 앤서니 스토, 같은 책, 36쪽.

> 리가 소중히 여기고 우리에게 필요한 모든 것의 심장에 그대로 가닿는 것을. 외로운 도시에서 경이적인 것이 수도없이 탄생했다. 고독 속에서 만들어졌지만, 고독을 다시 구원하는 것들이.[22]

물론 이런 평온한 고독, 언어의 독방에 갇히기는 폐쇄된 것만은 아니다. 예컨대 몽테뉴가 "내 사는 자리가 외롭고 쓸쓸한 것은, 진실을 말하면 오히려 나를 뻗쳐서 밖으로 키워준다. 나는 혼자 있을 때 더 즐겨서 국가와 우주의 일에 열중한다."[23] 외부 세계와 차단될수록 마음은 더 먼 것들과 더욱 친숙해진다. 최인호가 "낯익은 것은 아는 것이 아니다…눈에서 멀어지면 마음은 더 가까워진"[24]고 한 말에 동의한다.

홀로 남아 쓰는 글+쓰기는 릴케가 '가을날'에서 "지금 고독한 사람은 이후로도 오래 고독하게 살아/잠자지 않고, 읽고, 그리고 긴 편지를 쓸 것입니다"라고 말한 것처럼, 고독은 긴 글을 쓰게 한다. 고독한 가운데서 글을 쓰는 이유는 "이야기를 통해서 자신만의 세계를 창조할 수 있기 때문"[25]이다.

▫▪▫ 상처, 글+쓰기, 치유

필립 로스는 『왜 쓰는가』에서 이렇게 말한다.

> 글쓰기는 상상을 통해 내가 수십 년 전에 죽은 부모와 닿

---

22 올리비아 랭, 『외로운 도시』, 김병화 옮김, (어크로스, 2016), 20~22쪽.

23 몽테뉴, 『몽테뉴 나는 무엇을 아는가』, 손우성 옮김, (동서문화사, 2005), 945쪽.

24 최인호, 『산중일기』, (랜덤하우스, 2008), 17~18쪽.

25 게일 카슨 레빈, 『행복한 글쓰기』, 백지원 그림/김연수 옮김, (주니어김영사, 2008), 16쪽.

> 게 해주었고, 또 오래전에 사라진 그 시대에 닿게 해주었고, 한때 나였던 또는 나 자신이 기억하는 대로인 그 아이와도 닿게 해주었다.[26]

그렇다. 결국 글+쓰기는 무언가와의 만남이다. 내면으로 가거나 외부로 향하거나 간에 또 다른 세계를 만나러 가는 일이다.

한편, 조지 오웰은 '글을 쓰는 동기'에 대해서 다음과 같이 네 가지로 정리한 바 있다.[27]

> ① 순전한 이기심: 똑똑해 보이고 싶은, 사람들의 이야깃거리가 되고 싶은, 사후에 기억되고 싶은, 어린 시절을 푸대접한 어른들에게 앙갚음하고 싶은 등등의 욕구.
> ② 미학적 열정: 외부 세계의 아름다움에 대한, 또는 낱말과 그것의 적절한 배열이 갖는 묘미에 대한 인식 등.
> ③ 역사적 충동: 사물을 있는 그대로 보고, 진실을 알아내고, 그것을 후세를 위해 보존하려는 욕구.
> ④ 정치적 목적: 세상을 특정 방향으로 밀고 가려는, 어떤 사회를 지향하며 분투해야 하는지에 대한 남들의 생각을 바꾸려는 욕구.

오웰이 말하는 '순전한 이기심/미학적 열정/역사적 충동/정치적 목적'은 이 책의 맨 앞부분에 들었던 '우리는 왜 쓰는가?'의 내용에 거의 포섭될 수 있다고 본다.

글+쓰기를 통한 자신과 세계와의 만남은 단순한 해후가 아

---

26 필립 로스, 『왜 쓰는가』, 정영목 옮김, (문학동네, 2023), 568쪽.

27 조지 오웰, 『조지 오웰 에세이, 나는 왜 쓰는가』, 이한중 옮김, (한겨레출판, 2010), 292~4쪽.

니라 자신과 타자가 가진 상처의 의미를 밝히고, 그 가치에 눈뜨게 하고, 나아가 그것을 치유하게 하는 특별한 의의가 있다.

올리비아 랭은 말한다: "예술은 한 번도 만난 적 없는 사람들 사이에 스며들어 서로의 삶을 풍요롭게 만들어주는 기묘한 능력이 있다. 모든 상처에 치료가 필요한 것은 아니며 모든 흉터가 추한 것은 아니다. 예술은 이 사실을 분명하게 보여줌으로써 상처를 치유한다."[28] 여기서 '예술'의 자리에 '글+쓰기'를 집어넣어 다시 문장을 구성해도 될 듯하다. 그래서 이렇게 다시 쓸 수도 있다. 글+쓰기는 '한 번도 만난 적 없는 사람들 사이에 스며들어 서로의 삶을 풍요롭게 만들어주는 기묘한 능력'을 갖고 있다. 그리고 글+쓰기는 "모든 상처에 치료가 필요한 것은 아니며 모든 흉터가 추한 것은 아니라는 사실을 분명히 보여줌으로써 상처를 치유한다."

이렇듯 글+쓰기는 – 의식적이든 무의식적이든 - 자신 나아가 타자 일반이 가진 상처의 의미를 밝히고 그것을 치유하는 것에서 깊은 의의를 갖는다.

그러나 상처의 치유는 글+쓰기의 궁극적인 의의가 아니라 인간의 본원적 생명 의지에 수반한 산출물의 부수적인 효과라 하겠다.

3. 작가, 불꽃과 서사 사이의 존재

▫▪▫ 작가란?

궁극적으로 글+쓰기는 언어가 구축한 질서가 아니라 무의식, 본능과 같은 알 수 없는 저 혼돈의 무질서와 모순, 즉 신화적 세계

28 올리비아 랭, 『외로운 도시』, 김병화 옮김, (어크로스, 2016), 356쪽.

에 닿아 있다.

글은 기본적으로 언어가 구축한 질서에 있다. 이것을 불(혹은 불꽃)이라 불러두자. 언어적 서사가 갖는 질서와 혼돈의 저 신화적 불 사이에는 보이지 않는 길이 나 있다.

작가는 글과 불 사이에 난 길을 잘 알고 언제든지 그 길을 오갈 수 있는 자격을 가진 존재이다.

▫▪▫ '걷지 않은 길'

아직 '걷지 않은 길'은 그냥 '가능성'으로서만 있다. 그것은 '이미 있는 것'이지만 그러나 우리는 그것이 어디에, 어떻게 있는지 알 길이 없다. 그래서 장자는 말했다. "이미 그렇게 있는데도 그러한 존재를 알지 못하는 것을 길이라고 한다[已而不知其然, 謂之道]"(『장자』「제물론」) 그는 또 말한다.

> 길은 걸어 다니니까 그렇게 만들어지고, 사물은 그렇게 부르니까 그렇게 이름 붙여진 것이다. 왜 그럴까? 그러니까 그런 것이다. 어째서 그렇지 않은 것일까? 그렇지 않으니까 그렇지 않은 것이다. 어떤 것도 본디 다 그럴 수 있고 또 다 맞는 것이다. '안 그래!'라고 할 것이 없고, '안 돼!'라고 할 것이 없다.[29]

누군가의 길은 그가 걸어 다녀야 생겨나는 것이다. 그러니까 그것은 걸어 다니지 않으면 알 수 없으므로 미지의 어딘가에 그저 신비롭게 숨어 있는 것이다.

▫▪▫ 글과 불, 신비와 서사

---

29 『莊子』「齊物論」, "道行之而成, 物謂之而然, 惡乎然, 然於然, 惡乎不然, 不然於不然, 物固有所然, 物固有所可. 無物不然, 無物不可."

그 신비의 길은 마치 타오르는 불꽃처럼 알 수 없는 곳에서 훨훨 타오르고는 있지만, 그것이 과연 어떤 것인지는 아직 증명되지 않은 것이다.

누군가의 '걸어 다니는' 방식(형식, 스타일)에 의해 드러날 길道. '발견되지 않은 길'과 '걸어 다녀서 드러난 길' 사이에는 단절(틈새, 간격)이 있다.

그것은 '걸어 다니는 행위'라는 언어에 의해 메워진다. 그렇다면 끝까지 살아 봐야 한 인간의 길은 드러나고, 한 해를 지나봐야 나무 한 그루의 모습을 온전히 살필 수 있다.

물론 의상義湘 스님이라면 -'법성게'(7언 30구, 210자)를 딱 여덟 자 "행행도처行行到處, 지지발처至至發處"로 축약했던 것처럼 – 어허, "걸어도 걸어도 그 자리, 가도 가도 떠난 자리야", 라고 할 수 있다. 수고스럽게 걸어 다녀 봤자 "그곳이 그곳이야!"라고 하신다면 할 말은 없다.

그러나 어쨌든 가보지 않은 길의 윤곽은 실제로 다 걸어 다녀 봐야 비로소 드러나는 법이다. 걷지 않은 길은 채워지지 않은 도화지의 공백이거나 쓰이지 않은 노트의 백지처럼 비어있다. 그러나 어쩌랴. 아쉽게도 걷고 나면, 걸었던 길들은 다시 침묵과 망각 속으로 묻혀버린다. 잡초 속으로 사라져버린다.

마르틴 하이데거는 '숲길'(원제: Holzwege, 1977)에 대해서 이렇게 말한다.

> 수풀(Holz, 林)은 숲(Wald)을 지칭하던 옛 이름이다. 숲에는 대개 풀이 무성히 자라나 더 이상 걸어갈 수 없는 곳에서 갑자기 끝나버리는 길들이 있다.
> 그런 길들을 숲길(Holzwege)이라고 부른다.
> 길들은 저마다 뿔뿔이 흩어져 있지만 같은 숲 속에 있다.

> 종종 하나의 길은 다른 길과 같은 것처럼 보인다. 그러나 그렇게 보일 뿐이다.
> 나무꾼과 산지기는 그 길들을 잘 알고 있다. 그들은 숲길을 걷는다는 것이 무엇을 뜻하는지 알고 있다.[30]

시인을 포함한 작가, 예술가는 나무꾼과 산지기처럼 그 길의 존재와 의미를 잘 알고 있다. 침묵과 망각 속에 묻혀있는 길의 존재를 불러내어 현존하는 것(=제품)으로 만들 수 있는 자들이다.

이 점에서 시인, 작가, 예술가는 길의 존재를 '잘 알고 있고, 해명할 수 있고, 말할 수 있는' 자이다. 길의 수호자이다.

하이데거는 암스테르담의 '반 고흐 미술관'에서 소장하고 있는 빈센트 반 고흐의 '끈 달린 낡은 구두'로 추정되는 그림을 보고 다음과 같이 묘사한다.

> 닳아빠진 구두 내부의 어둠 속에서부터 노동자의 고단한 발걸음이 밖을 응시하고 있다. 딱딱하고 울퉁불퉁한 구두 안에는 황량한 바람이 휩쓸고 지나간 한없이 멀고 한없이 단조로운 밭고랑을 수도 없이 밟고 지나갔을 그녀의 강인한 발걸음이 응축되어 있다. 가죽 위에는 흙의 축축함과 비옥함이 누워있다. 구두창 밑에는 땅거미 질 무렵의 들판 길의 고독이 납작하게 눌려져 있다. 구두 안에서는 대지의 말 없는 부름, 익어가는 곡식의 조용한 선물, 바람 부는 텅 빈 밭의 황량함이 보여주는 알 수 없는 자기-거부 등이 가늘게 떨리고 있다. 이 제품에는 빵의 확실성에 대한 불평 없는 걱정, 또 한 번의 곤궁을 이겨냈다는 말없는 기

30 마르틴 하이데거, 『숲길』, 신상희 옮김, (나남출판, 2020)

빈센트 반 고흐의 '끈 달린 낡은 구두'
: 암스테르담의 '반 고흐 미술관' 소장

뻠, 임박한 출산 앞에서의 불안감, 다가오는 죽음의 위협 앞에서의 떨림이 스며들어 있다. 이 제품은 대지 속에 있고, 농부 아내의 세계 속에서 보호받고 있다."

글이 마치 한 편의 시와 같다. '끈 달린 낡은 구두'는 농부가 대지 위를 걸어 다니며 노동했던 본래적 기능을 정지하고, 수많은 활동의 맥락을 은폐해 있다. 말하자면 타오르던 불꽃을 꺼버린 채 단순한 하나의 물건으로서 한정돼 있다. 이것은 저 노동자의 구두만이 그런 것은 아니다. 사실 우리의 삶도 그렇다.

우리 삶은 처음에 신비롭게 상상할 수많은 가능성을 가지고 출발한다. 하지만, 앞만 쳐다보며 살아가면서 그 가능성에 한계가 생기고, 서서히 삶의 신비도 그 빛을 잃어버리고 만다. 훨훨 타오르던 꿈의 불꽃은 하나둘씩 꺼져버린다. 결국 한 줄의 이력으로나 한 두 마디의 짧디짧은 이야기로만 남게 된다. 흔해 빠진 숱한 이야기들처럼 아무런 비밀도 없이 그저 무의미한 이야기로만. 한 줄, 한 줌도 안 되는 삶의 이야기, 아니 한 점의 이미지로 변해 초라해지고 말 것이다. 물론 숨을 거두기 전에 '짠~!'하고 삶의 신비가 '갑툭튀'(갑자기 툭 튀어나옴)하여, 순간 삶의 신비를 되찾을 수도 있겠지만. 그러나 그런 순간이 오리란 보장도 없다.[31] 걸어 다니는 동안에 길은 숨어 있고, 아직 다녀 보지 않은 길에는 그 길이란 언어가 존재하지 않는다. 조르조 아감벤은 "글이 있는 곳에 불은 꺼져 있고 신비가 있는 곳에 서사는 존재하지 않는다"[32]고 했다.

▫▪▫ 작가란?

우리가 꿈꾸는 길에는 이정표가 세워져 있다. 미지의 길을 가늠하도록 가리킨다. 그 이정표란 한껏 숨을 내쉬며 걸어 다니는 '걸음걸이'라는 언어이다.

따지고 보면 '오늘도 걷는다 마는…'의 행위는 타고 있는 미지의 불꽃을 향해서 가는 힘든 인생 행로의 걸음걸이이다. 하나의 치유할 수 없는 '상처'이다. '정처 없는 이 발길…'로 눈물 흘리고, 피 흘리는 상처. 그것을 우리는 이력이고, 삶의 스타일이라고 미화한다. 그러나 희노애락애오욕, 부귀영화…같은 인생의 부침浮沈을 어쩔 것인가?

상처 입지 않은 길이 어디 있으랴! 모든 작업, 그로 인해 생겨났던 모든 작품은 그 누군가가 길을 향해 건던 희망, 열정, 숨결이라는 상처를 은폐하고 있다. 차갑게 표정마저, 이정표마저 싸악 지워버리고 있으나, 망각 속에 폐허가 된, 잡초 우거진, 한때 뜨거웠던 푸른 길들 - 이런 상처를 발견할 사람이 또한 작가이

---

31 조르조 아감벤, 『불과 글: 우리의 글쓰기가 가야할 길』, 윤병언 옮김, (2016, 책세상), 22쪽을 참고하여 필자의 스타일로 다듬었음.

32 조르조 아감벤, 같은 책, 20쪽.

다. 폐허의 심연에서 들려오는 신음소리, 회한의 목소리를 들을 수 있는 자 말이다. 누군가 정처 없이 걸었던 그 걸음걸이의 푸른 불꽃을 어떻게 다시 피워내야 하는지, 그 언어에 응시할 수 있는 것은 다름 아닌 작가가 이뤄내야 할 사명이다.

그래서 아감벤은 말한다. "스스로의 언어를 관찰할 줄 모르고 사랑하기만 하는 사람, 자신의 언어 속에 숨어 있는 애가를 참을성 있게 읽지 못하고 깊은 곳에서 울려 퍼지는 송가를 들을 줄 모르는 사람은 작가라 할 수 없다."[33]

작가는 글을 매개로 몸을 확장하고 보이고 보이지 않는 세계의 맥락 속으로 드나든다.

▫▪▫ 글+쓰기, 몸의 은유와 확장

이 점에서 글+쓰기는 메를로-퐁티가 말하는 몸의 '확장'이거나 '이동'으로서, 몸의 도구로서 변모한다. 예컨대 지팡이가 몸을 대신하여 지각의 역할을 해주듯이 말이다.

> 지팡이가 익숙한 도구가 될 때 촉각적 대상의 세계는 물러나고 손의 가장 바깥 피부가 아니라 지팡이 끝에서 다시 시작한다… 그러나 습관은 손에 있는 지팡이의 압력을 그 위치에 관한 지표로 해석하는 것이 아니라 하나의 외적 대상의 표지로 해석한다. 왜냐하면 지팡이 때문에 우리는 전자의 해석을 할 필요가 없기 때문이다. 손에 가해진 압력과 지팡이는 더 이상 주어진 것이 아니며, 지팡이는 시각장애인이 지각할 대상이 아니라 그가 그것으로 지각하는 도구이다. 그것은 신체적 보조물이며 신체적 종합

33 조르조 아감벤, 같은 책, 19쪽.

의 확장이다.[34]

아울러 몸이 생물학적인 단계를 넘어, 예컨대 '몸을 움직여서 춤을 추듯이' 은유적 의미로 이동해 가거나, 또한 입술, 손, 발 등 몸 자체를 필요에 따라 도구로 만들어서 작동한다.

> 몸이란 우리가 세계를 전유할 수 있게 해주는 일반 매개물이다. 때로 몸은 삶을 유지하는 데 필요한 행동에만 한정되기는 하는데, 이 경우 우리는 생물 세계에 둘러 싸이게 된다.
> 다른 경우 이런 일차 행동들과 더불어 세련되게 즉자적인 것에서 비유적인 의미로 이동함으로써 새로운 핵심적 의미를 분명히 나타내기도 한다. 이는 춤과 같은 몸을 움직이는 습관에서 찾아볼 수 있다.
> 마지막으로 몸이 가진 생물학적인 수단만으로는 그 의미를 이룰 수 없을 때가 있고, 이 경우 몸은 스스로 도구를 만들어야만 한다. 그리하여 몸을 둘러싸고 문화세계가 만들어지는 것이다.
> 이 모든 수준에서 몸은 '어느 정도 갱신할 수 있는 행동과 독립적 존재'를 통해 즉시적이고 자연스러운 표현을 주는 똑같은 기능을 수행한다. 습관은 단지 이 근본적인 힘의 형태일 뿐이다. 우리는 몸이 새로운 의미를 흡수하고 그 핵심을 동화시켰을 때 몸이 그것을 기억하고 습관이 되었

---

34 Merleau-Ponty, *Phenomenology of Perception.* Routledgeand Kegan Paul, London, 1962, 175 ~ 6쪽) / 메를로-퐁티, 『지각의 현상학』, 류의근 옮김, (문학과지성사, 2021), 241쪽 참조.

다고 말한다.[35]

몸과 마찬가지로 글자 또한, 캘리그라피와 한글 특수문자(이모티콘)처럼, 은유적 의미로 변형되거나 때로는 위로와 치유, 폭력과 비난, 구호와 슬로건 같은 도구로 작동한다.

원래 언어는 의사소통과 표현, 사물 지시의 도구이다. 그러나 이 도구가 사람의 마음 그 자체이거나 사물 그 자체로 착각하기도 한다. 예컨대 꽃이란 글자를 읽을 때그것이 들판의 실제 꽃으로 착각하게 한다. 그러나 이것은 실패해도 성공한, 져도 이긴 전략이다. 그래서 <문자로 표현된 꽃>(a)이 <내가 머릿속에서 생각하는 꽃>(b), 그리고 <들판에 피어 있는 실제의 꽃>(c)으로 유동하며, 각기 다른 차원의 세 가지가 동일한 것처럼(a = b = c) 착각하기도 한다. 시가 그렇고 문학작품이 그렇다. 언어라는 도구가 그것이 지시하는 실제 그 자체로 변신하는 이른바 인지적 유동성을 갖는다.

내가 지금 바라보고 음미하는 저 눈앞의 '꽃'은 그냥 아무 의미 없이 피고 지는 것이 아니다. 그것은 이미 나의 몸에 새로운 의미로서 흡수, 기억되고 체화되어 일상의 습관 속에 자리해 있는 것이다.

이처럼 글+쓰기도 내 몸이 흡수한 새로운 의미로서, 몸 깊숙한 곳에 기억되고 습관화된 것이다. 글+쓰기를 통해서 인간은 새로운 의미로 탄생하고, 그런 존재로 살아가는 것이다.

---

35 Merleau-Ponty, *Phenomenology of Perception.* Routledge and Kegan Paul, London, 1962, 146쪽/메를로-퐁티, 『지각의 현상학』, 류의근 옮김, (문학과지성사, 2021), 233쪽 참조) 단락은 인용자가 이해를 위해서 분리시켰다.

4장 글쓰기의 새로운 지평: '지구-대지-생태적 글쓰기'

1. 글+쓰기, 구심력과 원심력의 '사이'

▫▪▫ 사적 언어, '공감'의 너른 지평

대부분의 사적 글+쓰기는 개인의 기억이나 경험, 추억과 상상, 기획과 전망에 의존한다. 그러나 글은 내 손을 떠나는 순간 그 글은 '나의 글'로서는 죽음을 고하고, 독자(=타자)의 평가에 따라 새로운 삶을 얻는다.

나와의 끈끈한 맥락을 벗어나 독자와 새로운 관계를 맺음으로써 또 다른 공감의 너른 지평에서 생명력을 가진다. 필립 로스의 말대로 글쓰기는 상상을 통해 오래전에 죽은 자와도, 이미 사라진 시대에도, 과거 아이였던 나 자신에게도 닿게 해준다.[1]

다시 말해서 회고적 글+쓰기는 경험과 기억의 끈이 각기 다른 시간과 공간을 연결해주고, 메뚜기처럼 이리저리 성큼성큼 시선을 옮겨주며 하나의 생각과 느낌의 장(場, field)을 만들어 낸다. 물론 회고는 과거 속의 현재와 희망을 통해서 '기획, 전망, 설계'를 가지며, 그것이 현재의 평가나 사유를 불러일으킨다.

어쨌든 과거로 향하든, 미래를 향하든 초점은 '현재의 나'에 있다. 컴퍼스의 두 다리에 비유한다면, 한쪽은 날카로운 바늘로 꽂혀서 중심=주시점이 되고, 다른 한쪽은 연필 등의 필기구

---

1 필립 로스, 『왜 쓰는가』, 정영목 옮김, (문학동네, 2023), 568쪽 참조.

를 끼워 원을 그려내며 스토리텔링을 가져온다. 중심 = 주시점은 '끌어당김 = 구심력'을 갖지만 동시에 사유를 통해 '멀리 달아남의 힘 = 원심력'을 갖는다. 전자는 논리적-이성적-수렴적-사실적인 힘을 갖고, 후자는 감각적-직관적-확산적-창의적인 힘을 갖는다. 여기서 글 + 쓰기가 긴장감과 신선함을 내포한 호소력(v: 스토리텔링의 크기와 방향을 갖는 물리량)을 만들어 낸다.

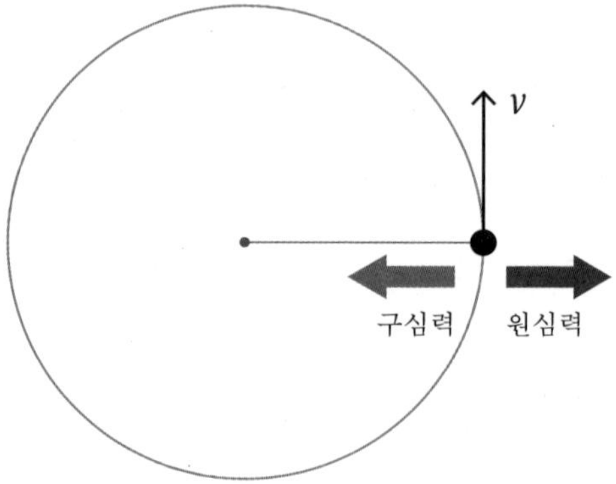

호소력 속에는 글 + 쓰기의 언어적인 것(a)과 말하기 + 제스쳐 + 접촉 등의 비언어적인 것(b)이 함께 한다. 그렇다면 글 + 쓰기는 그 자체에 이미 비언어적인 것을 내포한다.

$$a \supset b$$

이렇게 해서 글 + 쓰기는 '말하기'의 언어적 소통으로, 그리고 손짓 + 몸짓 + 표정 등의 제스쳐(비언어적 의사소통)로, 나아가 악수(손잡기)나 쓰다듬기, 물건 만지기나 두드리기 등을 포함한 신체적-물체적 접촉으로까지 이어진다.

글+쓰기	↔	말하기	↔	제스처	↔	접촉
언어적				비언어적		

언어적인 것에서 비언어적으로, 비언어적인 것에서 언어적인 것으로 인지적, 행위적 유동성을 가져온다. 여기서 글+쓰기가 '나에서 세계로의 왕복순환'을 만들어낸다.

▫▪▫ 글+쓰기, 맥락, 이쪽에서 저쪽으로의 '왕환往還'

예컨대 김현은 『한국문학의 위상』에 실린 평론에서 자신의 과거를 회고하고 있다. 글+쓰기로 표현된 그의 회고는 독자들을 데리고 책을 읽히기도 하고, 이야기 속의 이곳저곳을 떠돌게 하는 매력을 갖는다. 그러나 그 모든 것은 하나의 '맥락' 속에서 온전한 세계를 만들어 낸다.

> 어쩌다가 유년 시절을 회고할 때마다 생각나는 것이 몇 가지 있다. 맨 먼저 머리 속에 떠오르는 것은 초등학교 일학년 때의 내 짝이었던 고깃집 아이의 혈색 좋은 두툼한 얼굴이고 그 얼굴이 겹쳐서 어떻게 된 영문인지는 알 수 없지만 아이들과 싸우다가 내가 머리를 거꾸로 하여 처박혔던, 내 집 앞의 개울이다. 그 개울이 끝이남직한 저 먼 곳에서 춘원의 『무정』을 읽다가 어머니에게 들켜, 하라는 공부는 하지 않고 애기책만 읽고 있다는 꾸지람을 듣고 훌쩍거리는, 어깨가 좁고 얼굴이 창백한 소년이 떠오른다. 국민학교 오학년 때의 일이다. 그때의 내 고향에는, 유식한 피난민들이, 할 장사가 없었기 때문에 벌여놓은 헌 책방들이 숱하게 많이 있었고, 나는 깍듯한 서울말을 쓰며, 항상 깨끗한 옷을 입고 다니는, 이름도 계집애처럼 부

> 용이라고 불리는 한 아이 뒤를 쫓아다니면서, 그 헌책방의 소설책들을 거의 다 읽어냈다. 읽었다고 하지만, 지루하고 무슨 소린지 잘 알 수가 없는 지문은 성큼성큼 뛰어넘고, 멋진 대화같이 느껴진 것만을 읽어가는 괴상한 독법으로 읽은 것이었다. 겨울밤에, 가슴에 베개를 괴고, 해남 물고구마를 눌어붙도록 쪄가지고 먹어대며, 이형식에서 오유경에게로, 허숭에서 임꺽정에게로, 그리고 오필리아에서 파우스트로 정신없이 뛰어다닌다.[2]

김인환은 김현의 이 글에 대해 다음과 같이 비평한다.

> 이 인용문에는 주인공인 김현 이외에 두툼한 얼굴의 고깃집 아이와 서울말을 쓰는 부용이, 그리고 공부를 안 한다고 야단을 치면서도 물고구마를 쪄주는 어머니와 헌책방을 하는 유식한 피난민이 등장한다. 전쟁은 피난민들의 서울말을 통하여 간접적인 그늘을 드리울 뿐이고 인용문의 분위기는 밝고 다사롭다. 그의 유년을 구성하는 모든 사람들 특히 그의 가족은 그의 글에 등장할 때마다 여성적인 포근함을 그의 주변에 펼쳐놓는다. 그러나 그 유년의 천국에도 싸움이 있고, 그가 머리를 처박혔던 개울이 있다. 개울의 끝에 소설책들이 늘어 놓여 있다. 개울은 현실의 갈등과 소설의 환상을 매개하는 고리이다. 개울의 이쪽에는 싸움이 있고 개울의 저쪽에는 소설이 있다. 초등학교 오학년이 이광수와 김래성과 셰익스피어와 괴테를 읽는다. 어떻게 그럴 수 있었을까? 그 비밀은 그의 독

2 김현, 『한국문학의 위상』, (문학과지성사, 2009), 7~8쪽.

서법에 있다. 그는 알 수 없는 데는 성큼성큼 뛰어넘으며 읽는다.[3]

그렇다. 김현이 보여준 글+쓰기에는 '김현이라는 평론가'가 알고 있고, 연결해둔 맥락의 세계가 있다. 김인환은 그것을 잘 좇아가며 밝히고자 하였다.

물론 글+쓰기 속의 맥락을 독자나 비평가가 그대로, 온전히, 다 읽어낼 수는 없다. 아니 그럴 필요도 없다. 글+읽기는 글+쓰기와 마찬가지로 그 이전에 있었던 것(생각과 세상)을 지우고 다시 새로운 무언가를 건립하는 일이기 때문이다.

□■□ 글+쓰기는 '창조'이다

글+쓰기는 애당초 삶이라는 원초적 힘에 기대어, 의미를 찾고, 세상을 알아가며 자신의 의미 있는 집을 짓는 방법에 해당한다.

그러나 그 집은 현실과 다른 또 하나의 세계이다. 인간은 이런 세계를 만들면서, 지금 눈 앞에 있는 낯 익은 세계를 낯설게 되돌아보게 한다. 흥미를 잃고, 낡고, 식어버린 일상의 세계, 그리고 자신의 삶에 대해 끊임없이 흥미 있고 의미 있는 것임을 닦달해준다. 이 말은 현실은 늘 신선도를 잃고 폐허가 되기 쉽다는 말이다. 폐허 위에 집을 짓고, 이야기를 만들고, 그래서 삶이 생동감 있도록 잠시라도 가만 있지 않아야 한다.

하지 않아도 될 일을 기어코 굳이 한다는 것은 그것이 곧 인간의 속성이고, 본능이고, 버릴 수 없는 숙명이기 때문이다. 인간은 누구나 자신의 숙명을 사랑하는 법을 알고 있다. 글+쓰기는 운명을 사랑하는 법을 안다는 증거이며, 그렇지 않고는 살아갈

3 김인환, 『상상력과 원근법』, (문학과지성사, 1993), 380~1쪽.

수 없는 존재임을 이 세계에 대놓고 시위하는 것이다. 생명이 가진 마지막 어휘를 읊는 순간, 그런 글+쓰기 때문에 동력을 얻은 인간은 자신이 뱉은 글=쓰기처럼 살아가게 된다.

글+쓰기는 그 자체로서 힘을 갖는 일이며, 자신의 생명을 잉크 삼아 무언가를 적는 일이다. 한 마디로 글+쓰기는 스스로를 자발적으로 죽음으로 몰아가는, 격조 있고도 아름답게 서서히 '죽어가는 연습'이다. 그러나 이것은 새롭게 살아가는 성찰이 된다.

2. 글+쓰기의 과제 혹은 전환: '지구-대지-생태적 글쓰기'

▫▪▫ 지구적 존재의 위협

한나 아렌트가 『인간의 조건』에서 인간이 우주로 관심을 돌리고 있으나 당분간 인간은 '지구적 존재'임을 상기시키고 있듯이, 우리들이 우주의 다른 곳으로 본격 이주하지 않는 한 이 지구가 우리의 터전이고 최고의 거주지여야만 한다.

그런데, 현재 진행되는 기후의 변화와 위기는 인간이 지구환경과 세계를 바라보는 '삶의 태도와 양식의 변혁'에서부터 과학기술, 정치, 경제 등 여러 방면에 이르기까지 지속적-혁신적-급진적인 '제도적, 지적知的 실천'을 요구한다.

설산의 빙하가 녹아내리므로 중국과 파키스탄을 연결하는 카라코람 하이웨이나 산이 수시로 무너져 지역민들의 삶을 위협하듯이, 지구환경의 파괴는 인간의 삶의 조건의 파탄과 직결된다.

▫▪▫ 현재적 위기

산업혁명 이후 인간 활동은 현재에 이르기까지 지구환경에 막대한 영향을 주기 시작했다. 따라서 지구의 기후와 생태계가 급변하여 자연에 의존하던 삶은 거꾸로 자연의 위협을 받으며 인간은 지속 가능한 생존을 도모해야 하는 시대를 맞이했다. 예컨대 핵실험이 실시된 1945년 이후 방사능물질은 인류를 위협하고 있다. 나아가 대기 중의 이산화탄소와 메탄 농도의 급증, 지구 온난화 등으로 기후와 생태계의 균형은 깨지고 기상 이변이 생겨나고 있다. 자연이 인간에게 반격을 시작한 것이다. 이에 인간은 스스로의 지속가능한 생존에 부심해야 한다.

인간이 자연환경을 파괴해 온, 산업혁명 이후 현재까지의 기간을 보통 '인류세'(人類世, Anthropocene)라 부른다. 이 용어는 미국의 생물학자 유진 스토머(1934-2012)가 1980년대 처음 사용한 것으로 알려졌다. 이 용어가 유명해진 것은 노벨화학상 수상자인 파울 크뤼천(1933-2021, 네덜란드의 대기화학자)이 지구환경 관련 국제회의에 참석해 "우리는 홀로세가 아닌 인류세에 살고 있다"고 말해 유명해지기 시작했다. 즉 2000년 크뤼천과 스토머가 공동으로 작성, 발표한 획기적인 한 쪽짜리 문서 「인류세(The Anthropocene)에서 인류세 개념을 소개하며, 기후변화를 인간이 유발하는 것으로 보았다. 따라서 인류세는 곧 인간에 의한 '기후변화(= 위기)' 시대를 표상한다.

▫▪▫ 인류세-기후변화에 대한 논의들

인류세-기후변화의 연결로 해서, 국내외에서는 과학자 및 인문학자들의 관심을 모았고 다양한 연구가 진행돼오고 있다. 최근 국내에 소개된 책을 보면 그야말로 다양한 책들이 쏟아져 나오고 있음을 실감한다. 예컨대 조재원의 『기후변화 인문학』(2015), 클라이브 해밀턴의 『인류세 - 거대한 전환 앞에 선 인간과 지구시스템』(2018), 얼 C. 엘리스의 『인류세』(2021), 파울 크뤼천의 『인류세와 기후위기의 大가속』(2022), 캐럴린 머천트의 『인류세의 인문학: 기후변화 시대에서 지속가능성의 시대로』(2022), 시노하라 마사타케의 『인류세의 철학』(2022), 로이 스크랜턴의 『인류세에서 죽음을 배우다 - 문명의 종말에 대한 성찰』(2023) 등이 그것이다.

이 논의들은 대체로 지금까지 우리가 겪어온 생존 방식을 근본적, 급진적으로 바꾸어야 함을 강조하며 비관적인 전망을 보여준다. 한편으로는, 어차피 변화된 지구환경에 인류가 다시 현명하게 '감수'(甘受, Resignation)하면서 '대응-적응'하며 살아가면 된다는 낙관론도 제시한다.

□■□ 인류세 지구 생활자의 '인문적 철학적 전환'

현재 지구적 차원의 거대 질문은 "인류세 지구 생활자의 인문적 철학적 전환은 가능한가?"이다. 즉 지구를 살아가고 있는 인류가 '죽느냐, 사느냐?'의 기로에 서서 물어 봐야할 심각한 질문이다.

최근 인류세에 대한 인문적 철학적 담론이 국내외, 동서양에 걸쳐 유행하고 있는데, 이 유행병 혹은 전염병은 일시적인 '호들갑'이나 '지적 사기'일까?

아니다. 실제상황이다. 현재 지구의 상황에 대해 과학자들은 잘 증언, 보고해오고 있다. 지구 온도가 1℃, 1.5℃, 2℃ 이상으로 온난화가 진행될 경우, 이것은 지구적 차원의 재앙을 초래할 것을 경고한다.

기후의 변화와 위기는 사실 과학적 판단에 근거해야 하면서도 인간의 라이프 스타일 및 경제, 정치적 전환과 관련된 지구 전반의 문제이다.

다시 '자연으로!'를 생각하며 '지구-대지-생태적 글쓰기'를 구상해본다.

▫▪▫ 나무 한 그루를 생각하며

독일의 문호 요한 볼프강 폰 괴테(Johann Wolfgang von Goethe, 1749 - 1832)와 프랑스의 조각가 프랑수아 오귀스트 르네 로댕(François-Auguste-René Rodin, 1840 - 1917)은 '자연'에서 예술적 모범을 찾았다. 자연은 그 자체로 완벽하다는 것이다. 이들은 마치 동양철학에서 자연의 결[理]을 따라가며 최고의 무늬[文]를 찾으려 했듯이 자연을 신뢰하고 그 숨은 진실을 실현하라며 예찬한다.

오연준이 불러 유명해진 '바람의 빛깔(Colors of the Wind)'에서는 "얼마나 크게 될지 나무를 베면 알 수가 없죠"라고 했다.

사람들만이 생각할 수 있다
그렇게 말하지는 마세요
나무와 바위 작은 새들조차
세상을 느낄 수가 있어요

자기와 다른 모습 가졌다고
무시하려고 하지 말아요
그대 마음의 문을 활짝 열면
온 세상이 아름답게 보여요

달을 보고 우는 늑대 울음소리는
뭘 말하려는 건 지 아나요
그 한적 깊은 산속 숲소리와
바람의 빛깔이 뭔지 아나요
바람의 아름다운 저 빛깔을

얼마나 크게 될지 나무를 베면
알 수가 없죠
서로 다른 피부색을 지녔다 해도
그것은 중요한 게 아니죠

바람이 보여주는 빛을 볼 수 있는
바로 그런 눈이 필요 한거죠
아름다운 빛의 세상을 함께 본다면
우리는 하나가 될 수 있어요.
- 바람의 빛깔(Colors of the Wind)[4]

▫▪▫ 괴테의 생각

한편 괴테는 "나무들은 하늘까지 자라지는 않도록 되어 있다"[5]고 하며 사물의 있는 그대로에 주목한다: "사물들이 있기 때문에 만물 중의 한 사물도 있는 것이다. 만물 중의 사물 안에서 우리는 헤엄치고 있다. 우리가 그런 그대로."[6] 있는 그대로란 '진실(Wahrheit)' 즉 본성'이자 '자연'이다. 이 자연을 불교에서는 진여眞如 = 여여如如 = 여실如實이라 한다.

괴테는 우리가 직관하는 '있는 그대로의 자연현상'을 존중하라고 한다. 생명을 사랑했고 '소유'에 대립하여 '존재'를 지향했던

---

4 1995년 개봉한 디즈니 애니메이션 포카혼타스의 OST. 앨런 멩컨(Alan Menken) 작곡, 스티븐 슈왈츠(Stephen Schwartz) 작사, 포카혼타스역의 주디쿤 노래. 한국어 더빙판에서 노래를 부른 사람은 신동희. 오연준이 불러 유명해졌음.

5 괴테, 『괴테 자서전: 시와 진실』(원제: Aus meinem Leben. Dichtung und Wahrheit), 전영애 최민숙 공역, (민음사, 2009), 561쪽.

6 괴테, 『괴테시전집』, 전영애 옮김, (민음사, 2009), 389쪽.

괴테가 꽃이 '눈에 띄었을 = 발견되었을'(Gefunden) 때는 다음과 같은 거부의 목소리를 읽어내야 함을 알았다.

> 내가 꺾으려 하자
> 꽃이 갸날프게 말했네.
> 절 시들도록 굳이
> 꺾어야겠어요?
> - 괴테, 「발견」[7]

괴테는 직관된, 있는 그대로의 자연현상을 그는 존중하고자 한다. 그는 『색체론』에서 빛의 '근본현상 = 원현상(原現像. Urphänomen)'을 말한다. 파헤치려 하지마라! 인간에게 직관된 영역(= 자연)을 넘어설 때 '추상적 인식'(= 추상화)이 시작되나 거기부터는 '월권'이다.

> 도대체 진리가 벗겨도 벗겨도 껍질뿐인 양파란 말인가?
> 그대들이 그 안에다 넣어두지 않은 것. 그것 꺼낼 수야 없지.
> - 괴테, 「분석가」[8]

> 언어를 해부하겠다는 거지. 하지만 언어의 사체뿐이로구나.
> 정신과 생명은 사나운 해부도에 곧바로 미끄러져 나가버렸구나.
> - 괴테, 「언어연구가」[9]

---

7 괴테, 『괴테시전집』, 전영애 옮김, (민음사, 2009), 448 ~ 9쪽.

8 괴테, 같은 책, 374쪽.

9 괴테, 같은 책, 379쪽.

이처럼, 더 이상을 알고자 자연의 몸을 발가벗기고, 현재 보이는 것 그 뒷편에 손을 집어넣을 때, 자연의 '너머-근저' 즉 '소이연지고'(所以然之故: 그러한 까닭의 이유=근거)로 들어서는 순간, '정신과 생명'은 '사체'로 변하고, '외경과 신성'은 사라진다고 괴테는 생각했다. 이처럼 직관된 '원현상', 그것 상은 더 묻지마라!는 정신을 시적詩的 정신이라고 할 수 있다.

아름다운 석양을 육안으로 본다고 하자. 우리가 눈으로 직관한 고운 빛깔의 노을을 더 분석하지 말고 있는 그대로 보자는 것이다. 시적, 예술적 사유가 그런 것이다. 그는 "색은 빛의 행동, 다시 말해 빛의 행위이자 고통이다"라고 하였다. 한마디로 색채를 "빛의 고통"이라 한 것이다. 그는, 예컨대 무지개나 노을의 아름다운 색채가, 빛 속의 파랑과 노랑, 밝음과 어둠의 힘겨루기로 만들어진 것이라 본다. 그렇다면 무지개나 노을의 색채를 광학적 도구를 써서 분석한다고 육안으로 관찰하던 그 아름다움의 본질이 드러날까. 그는 바라본 그대로의 색채가 맞다고 본다. 위의 시에서 그가, "언어를 해부하겠다는 거지. 하지만 언어의 사체뿐이로구나./정신과 생명은 사나운 해부도에 곧바로 미끄러져 나가버렸구나."라고 했던 것처럼, 현상의 근저를 따지지 말라고 한다. 인간이 직관하는 자연 그 자체를 넘어선 곳에서 논리적 분석과 추상적 인식(=추상화)이 시작된다. 자연은 그 근저를 분석하여 내부로 들어서는 순간 그것은 사체로 변하고, 외경과 신성성은 상실된다는 것이다.

▫▪▫ 로댕의 생각

이어서 로댕은 있는 그대로의 자연, 일상적 평범함에 주목할 것을 제안한다. "인생에서 가장 훌륭한 것은 특별하거나 예외적인 것이 아니라, 우리가 늘 보고 있는 일상적인 아름다움이다. 그러한 수 많은 보물들은 항상 우리 손이 닿는 곳에 있는 데도 사람들은 그것을 얻으려 하지 않는다. 그것이야말로 가장 귀중한 것임에도 불구하고.", "자연은 모든 아름다움의 원천이다. 자연은 궁극적인 유일무이한 창조자이다. 예술가는 우선 자연에 다가가 자연을 탐구해야 한다.", "주제는 어디에나 있다. 자연의 표상이 모두가 다 주제이다.", "자기의 이상만을 내세우는 예술가는…자연의 법칙이 조절하고 있는 오묘한 유기체에 손을 대어 이상적인 변형을 일으켜 바로잡으려 한다. 그러나 결과는 실존을 파괴하는 것으로 나타난다." 그는 "자연은 완전무결"하여 "어느 부분도 다시 손댈 필요가 없다"고 하였다.

그리고 로댕은, 괴테가 그랬던 것처럼, 나무에 주목한다. 로댕은 나무를 칭찬한다. "인간들은 자주 고집을 부리기도 하고 서로를 비방하지만 나무들은 그런 짓을 하지 않는다." 나무는 순리에 따라 살되 서로 다투거나 자기만을 위해 욕심부리지 않는다. 나무는 그대로 하나의 온전한 자연을 보여준다. 로댕은 말한다. "가을이 와서 커다란 나뭇가지가 잎을 다 떨어뜨리고 벌거벗은 몸을 드러내게 되면 나무는 더욱더 아름다운 한 그루의 거대한 자연이 된다. 하늘을 향해 무한의 형태를 펼치고 있는 가지를 보면 탄성을 지르게 된다."

▫▪▫ 지구-대지-생태적 글쓰기로

동요「겨울나무」에서 노래하듯이, 나무는 "평생을 살아봐도 늘 한자리"이다. 한 곳에 어리석게, 곧게 서서, 평생을 지낸다. 스스로 옮겨 다니지도 못한다. 그 자리에서 치열하게 평생을 지내며 산다. 말 그대로 우직愚直하다. 이 점에서 나무는 유목적이지 않다. 농경적이다.

중국 고대의 사상가 맹자孟子는 사람의 본성이 본디 선하다는 것(=성선지설)을 이야기할 때 전국시대 제나라의 우산牛山이라는 민둥산에 있는 나무에 비유했다.

우산은 본래 크고 울창한 나무로 뒤덮인 산이었으나, 대도시의 근교에 위치해 많은 사람들이 건축 자재와 땔감을 구하기 위해서 벌채를 일삼았다. 게다가 목동이 소와 양을 끌고 와 꼴을 먹이니 큰 나무와 풀들이 자라지 못하는 땅이 돼 버리고 말았다. 사람들은 우산이 원래 민둥산이라고 생각하고 있었지만, 원래 그 산의 모습은 푸르른 것이었다. 그 울창하고 아름다운 숲이 도끼와 짐승에 의해 훼손돼 버린 것처럼 인간의 본성은 원래 선하나 잘못된 외부적 요인(정치권력, 이기심, 탐욕 등)에 의해 망가질 수 있음을 지적한 것이다.

이렇게 자연 속의 나무를 보면서 우리 인간들의 삶을 생각하는 것은 자연이 인간의 거울이기 때문이다.

식물의 존재는 시간 속에서 스스로 생성-변화-소멸한다. 드러남은 곧 그것 속으로 돌아감이다.

> '식물'은 싹이 터서 자라나 열린 곳으로 뻗어나가는 동시에 자신의 뿌리를 닫힌 곳 속에 파묻어 자리를 잡아나가는 가운데 자신의 뿌리 속으로 되돌아간다. 이와 같이 스스로를 떨치며 피어남[das sich entfaltende Aufgehen]은 그 자체 자기에게로-되돌아감[ein In-sich-zurückghehen]이다. 이런 방식에 따라 본원적으로 존재함이 곧 피지스다.[10]

피지스(φύσις)는 본원적으로 존재하는 것, 사물의 '있는 그대로'이다. 있는 그대로는 스스로 드러났다가 다시 그 자신으로 돌아가 숨는다. 식물 그 자신의 펼침은 곧 그 자체로의 접힘인 것이다.

---

10 마르틴 하이데거, 이정표 1 , 신상희 역, (한길사, 2005), 202쪽.

글+쓰기 또한 스스로를 그의 한계 내에서 펼쳐냄인 동시에 그 자신의 한계 속으로 다시 접어 넣음이다.

▫▪▫ 무욕無欲의 글+쓰기: '자연으로 되기'

최근의 기후 위기를 바라보면서, 이것은 바로 우리 자신들의 위기임을 느끼게 된다.

괴테는 "나무들은 하늘까지 자라지는 않도록 되어 있다"고 했으나 인간은 하늘 끝까지 자라고 싶어 한다. 불볕더위와 수시로 찾아드는 태풍 속에서 말없이 나무 한 그루가 겪는 고통, 그것은 자연의 섭리를 넘어서려는 인간의 '욕망 도끼'가 찍어낸 잔혹함이 아닐까.

여기서 한 그루의 나무처럼 자라는, 백익무해한, 무욕無欲의 글+쓰기를 구상해본다. 그것은 '지구-대지-생태적 글쓰기'이다. 내가 대지-지구의 나무가 되고, 강이 되고, 숲이 되고, 새가 되는 것이다.

내가 자연을 생각하며 글을 쓰며, 스스로 '자연으로 되는 것'이다.

2부 글쓰기와 상상력의 유비쿼터스 네트워크

5장 이런저런 발상

1. '늪'의 발견, 발상법의 회춘

> 늪가를 지난다. 마음이 푸근하다. 내 생각의 곁에는 늘 늪이 있어 왔다. 온갖 더러운 것들을 받아들여 맑고 아름다운 것으로 만들어내는, 공생의 힘으로 푸른. 거기엔 희망의 광기만 있다.[1]

이것은 내가 최근에 쓴 글의 하나이다. 쉼표를 포함해서 딱 열 자로만 시를 쓰고 그 밑에다 100자 이내의 해설을 붙이는, 내가 구상한 새로운 글쓰기이다. 위의 글은 '늪'에 대해 쓴 것인데, 최근 나의 관심을 시적 언어로 잘 표현하고 있다는 생각이 든다.

난 최근 몇 년간 '늪'에 대한 이런저런 많은 생각을 해 왔다. 늪에 착안하여 새로운 글쓰기나 발상법, 인문학 내지 철학의 방법론까지 구상할 만큼 늪에 푹 빠져 있었다. 지금 '늪'은 나의 발상법을 회춘시키는 하나의 원천이 되고 있다.

한동안 '홀연히' 무슨 계시처럼 다가와 늪은 나에게 발상의 힘을 주었다. 나는 이 착상을 더욱 세련시켜 완성하고자 노력하고 있다. 좋은 착상이 무의미하게 사라지거나 또한 단순한 공상에서 머물지 않도록 하기 위해서, 나는 '늪'의 사고와 그에 기반한

---

1 최재목, 「희망의 광기」, 『잠들지 마라 잊혀져간다』, (샘터, 2004), 44쪽.

'늪의 글쓰기'에 대해 나의 소박하고도 솔직한 견해를 틈틈이 정리하여 몇 편의 글로 발표한 바 있다.[2]

늪은 내가 생활하는 환경(공간)과도 관련이 깊다. 내가 근무하고 있는 대학에는 안과 밖으로 적지 않은 늪 내지 그에 가까운 물웅덩이를 발견할 수 있다. 내가 이처럼 늪과 가까이 지내는 동안 그것은 내 곁에서 어느새 친구처럼 나의 사고를 성장시켜주는 파트너가 되어 있었다. 발상이 막히거나 머리가 혼란스러울 때 난 늪을 찾는다. 늪가에 가서 멍하게 앉아 있는 것만으로도 난 항상 마음이 푸근해짐을 느꼈다. 어느 곳보다도 난 거기서 많은 착상을 얻고 또한 내 삶의 어떤 가능성을 찾아냈다. 내가 늪에 대해 남들보다 좀 더 많이 느끼고, 좀 더 깊이 생각하여 이것을 새로운 인문적, 철학적 사고로 발전시켜 갈 기회를 가질 수 있다는 것은 어쩌면 하늘이 내게 준 은총이거나 사명감일지도 모른다는 생각도 해본다.

2. 늪, 종합하는 생명의 힘

온갖 더러운 것들을 받아들여 맑고 아름다운 것으로 만들어 내는 늪. 늪은 끊임없이 생성하면서 동시에 끊임없이 파괴되고 있다. 죽으면서 살고 있다는 말이다. 끊임없이 질서를 만들어내면서 동시에 끊임없이 혼돈으로 향하고 있다. 그 둘이 경계 없이, 걸림[장애] 없이 진행된다. 이것을 좀 유형화하면 '질서 = 아폴로성Das Apollinische = 유有 = 실實 = 생성 = 삶'과 '혼돈 = 디오니소스성Das Dionysische = 무無 = 허虛 = 파괴 = 죽음'의 공존이다. '이다[然]'와 '아니다[不然]'의 공존·공생. 늪은 하나이면서 둘이고, 둘이

2 이에 대해서는 「후기」를 참조 바람.

면서 하나이다. 다른 말로 표현하면 '하나도 아니고[不一]' 또한 '둘도 아니다[不二]'. 하나도 아니고 둘도 아닌 것의 공존·공생이란 상식적으로 좀 이해하기 어려울 수도 있다. 그러나 늪은 살면서 죽어가고, 만들어 내면서 죽여 버리는 이중성을 갖고 있다. 이것은 다름 아닌 '사물을 총합하는 생명의 힘'이다. 거기엔 영원한 논두렁 밭두렁도, 집도 담도 없다. 경계란 없다. 이것은 저것이고, 저것은 이것이다. 비형식적인 논리이다. 그러나 사실 거기엔 경계가 엄연히 있다. 이것은 이것이고, 저것은 저것이다. 논두렁 밭두렁도, 집도 담도 있다는 말이다. 형식적 논리이다. 이처럼 불일不一이고 불이不二인 것은 생명에 내재한 '희망의 광기狂氣'라고 해도 좋다. 그 광기는 다름 아닌, '꽃은 붉고 버들잎은 푸른[花紅柳靑]' 진실이다. 즉 우주가 가진 동심, 천진난만함이다. 자연自然, 진여眞如, 여여如如의 모습들이다. 풀 한 포기가 대지 위에서 꽃을 피우는 것이고, 그 꽃잎이 다시 떨어져 진토塵土가 되어 가는 것, 거기엔 아무런 보탬도 줄어듦[增減]도 없다. 모두 평범한 사실들이다. 신비로운 일이 아니다. 늪은 그렇다.

우리들은 보통 자기 자신과 세계를 두 가지 양극단에서 진전시켜가고 있다. 우리들의 인식은 '본다·관찰한다'는 사물을 대상화 객관화하는 측면, 그리고 '접촉한다·감촉한다'는 사물과 직관적으로 교류하는 측면을 갖고 있다. 전자는 새[鳥]가 높은 위치에서 대상이나 지상地上을 보는 것과 같은 시점(鳥瞰, 遠·大, 보편)이며, 후자는 벌레들이 낮은 곳에서 기어가며 촉각을 사용하여 예컨대 아메바가 사물을 인지하는 것과 같은 감각의 시점(蟲感, 近·少, 구체)이다. 이것은 개념적으로 보면, 전자는 이성·이理(=logos)이며, 후자는 생명·기氣(=eros)로서 파악할 수 있다. 인간적 측면에서는 전자는 남성성-머리, 후자는 여성성-몸이다. 그러나 우리의 삶과 세계는 실제로 전자와 후자가 확연하게 구분되지 않고 오히려 이 양자가 교합交合·통합·통섭되는 원만한 '사이[間]'를 가지고 있고, 또한 서로 '겹 맞물리고[際]' '맞닿아 붙어서[卽]' 있기도 하다.

구분	인식	시점	개념	인간	실재현실
a	본다 관찰한다	조감鳥瞰. 원대, 보편	이성. 이(理) (=logos)	남성성- 머리	a. b의 교합적 (合)
b	접촉한다 감촉한다	충감, 근소, 구체	생명. 기(氣) (=eros)	여성성- 몸	

늪은 이것을 은유적으로 잘 드러내주는 하나의 기호인 것 같다. 이처럼 나의 시적, 생태적, 생명적 상상력의 근원이 되는 늪. 그것은 오랫동안 내가 찾고 있었던 어떤 매력적인 개념 즉 내 사색과 글쓰기의 시야에 '장르 통섭적, 문화 통합적 글쓰기', '새로운 인문학적 상상'의 한 모형으로서 포착된 착상이다.

'늪'이란 말은 포괄적인, 그리고 풍부한 은유를 가진 우리의 전통 개념이다. 사실 늪은 특정 영역에서, 그리고 때로는 부정적인 의미로 사용되기도 한다. 이제 이 말을 나는 긍정적인 맥락에서 다시 발굴하여 인문학, 철학, 글쓰기, 문화 등의 다양한 분야를 아우르는 이른바 통합·통섭의 용어로서 사용하고자 한다. 통합統合, 통섭通攝, 융합融合, 융즉融卽이라는 말, 유비쿼터스(Ubiquitous) 형태로 문화나 지식이 재통합되고 재구축되어갈 때, 그렇게 해서 인문학의 글쓰기와 발상법도 아울러 회춘하고자 할 때, 내가 구상한 '늪'은 새롭게 인식될 수 있을지도 모른다. 이것을 희망하며 나는 책의 제목을 「글쓰기와 상상력의 유비쿼터스 네트워크 늪」이라 하였다.

3. 엉뚱한 발상법

나는 지금까지 내 외부의 지식에 많은 눈을 돌렸다. 어쩌면 거기에 뭔가 있을까 싶어 쓰레기가 될지도 모를 글들을 마구 써왔다. 아무도 읽지도 않을, 공해만 될 글들을 무대책으로 써왔다. 그동안 나는 나의 문제, 내 내부에 눈을 돌릴 시간이 없었다. 내 속에서는 어떤 일이 일어나고 있는지, 바깥의 것들이 내 속에 들어와 무슨 짓을 하고 있는지 관심을 기울일 겨를도 없었다. 아니 나의 솔직한 생각, 느낌, 착상에 귀 기울이고 그것을 남의 것, 바깥의 지식보다 더욱 소중히 생각하고 존중하는 일들에 자신이 없었을지도 모른다. 비록 하찮다 하더라도, 비록 근거 없이 뜬구름 잡는 이야기라 하더라도, 내 속의 것을 잘 바라보고 이야기해보는 것에 대해서 말이다. 그렇다. 내 앞에 책은 수없이 쌓이지만, 무엇을 읽었는지 왜 읽고 있는지도 난 모를 때가 많다. 어쩌면 이것은 지식 습득에 대한 강박관념, 아니면 콤플렉스가 아닐까. 그 근원은 서구의 '근대'라는 괴물이 안겨준 '동양적인 것'='우리 것(자기)' 비하의 못된 버릇에 뿌리박고 있는 것이 아닐까. 이제 나는 나의 이야기를 하고 싶은 것이다.

이 책은 지금까지 있어온 내 사색의 흔적을 가능한 한 있는 그대로 엮어본 것이다. 어떤 부분은 착상의 연속으로만 이어져 있고, 어떤 부분은 논거가 부족하다. 어쩌면 직관이나 단상斷想처럼 여겨질 수도 있는 '엉뚱한' 발상들이 섞여 있기 때문이다. 따라서 이것을 선보이려고 마음을 먹기까지 난 솔직히 많이 망설였다. 그러나 이미 주사위는 던져졌다. 스스로 구상하고 사색한 내용에 대해 선배 동학들의 많은 비판을 기다릴 뿐이다. 앞으로 이를 토대로 책의 내용을 보다 완성된 형태로 만들어 갈 생각이다.

6장 늪, 나의 글쓰기·철학의 발상지

1. '늪' - 나의 글쓰기와 철학의 발상지

온갖 잡것들과 함께 지낸다, 슬픔에서도 물러나 기쁨에서도 물러나, 늪은 노래한다, 이 기막히고도 알 수 없는 일들이 물밑에서 아니 물위에서, 자라다 쓰러지고 쓰러지다 일어서서 노래하는 그 곳, 일렁거리다, 인간도, 벌레도, 미래도, 희망도 저 속에 잠들 것이다, 상처투성이 푸른 땅의 자궁, 개구리들의 모성母性이 보이고, 벌레들의 정액, 풀들의 교미가 보이고, 뼈와 흙과, 돌과 풀과, 사람과 함께 늪은 고뇌한다, 도시가 흘러 들어오고, 기술의 나사 튕겨 나오고 과학의 잔재들, 폐차들 쌓여 썩는다, 이성理性의 고름과 눈물, 퇴적한 인간들의 명패, 물은 온갖 쇠붙이에 달라붙어 살을 뜯어먹는다, 지극히 합리적인 그대들의 시간들, 우둔하고 흐리게 잊혀진다. 온갖 잡것들, 진보한다 그리고 퇴보한다, 아니다 그런 것은 없다, 이것도 저것도, 저것도 이것도 아니다, 아닌 것도 아니다, 또 아니다, 아닐까, 그럴까 하면서, 드디어 늪은 맑은 노래 흘러 보낸다, 우 우 우, 갈숲의 건반을 두드리며 새들이 몰려올 때 낮아지거나 높아지거나 혹은 숨으면서 노래하는 늪, 풀들은 기억하고 있다 그 악보를, 자생하는 풀숲과 진흙의 발을 서로 딛고 오르내리는 물의 음계, 늪의 지성知性, 온몸을 부비며, 아름다운

화음和音으로 연대한 공생과 자치의 터
- 최재목, 「늪」 전문

2. 나의 인문학의 귀결처 - '늪'의 구상

인문학을 하고 철학을 한다는 내가 지금까지 남들이 고민하지 않은 일로 고민한 것이 있을까? 나이 마흔을 넘기고 나서 문득 나는 이런 생각을 했다.

돌이켜 보면 2000년대 초반 4, 5년간 내 머리 속에서 맴도는 글자 하나 - '늪'.

나는 이 '늪'의 주변을 서성거리며, 그것에 대해 생각하고, 그런 방식으로 글을 쓰고자 했다. 그것을 중심으로 인문학의 이론과 글쓰기를 고민해왔던 것 같다. 여기에 실린 것은 그 동안 「늪의 사유」, 「늪의 글쓰기」를 스스로 실천해 보였던 글들이다. 표면으로는 다양해 보이면서도 내용을 들여다보면 일관된 논리가 있다. 내가 고안한 「늪의 사유」, 「늪의 글쓰기」는 하늘과 땅, 지상과 지하, 소멸과 창조, 보이는 것과 보이지 않는 것, 추함과 아름다움 모두를 담아내는, 인문과학적이면서 동시에 자연과학적인 공간인 '늪'에서 얻어낸 것이다.

나의 「늪의 글쓰기」는 '온몸으로', '전방위적'으로 써 가는 것이다. 순純의 글쓰기라기보다는 잡雜과 어울리는 글쓰기이다. 여러 장르들과 어울리며 글을 써 가는 것이다. 자신의 이른바 '전공'이라고 하는 하나의 장르 외에도 자신 바깥의 정치, 경제, 사회, 예술 등의 여러 사안에 대해, 그것들을 외면하거나 방치하지 않고 온몸으로 부딪히며 자신의 입장을 표현해 가는 것이다.

나의 글쓰기 작업에서 특히 시와 철학을 넘나드는 부분에 이르고 보면 늪처럼 혼돈스러울 수가 있다. 나의 늪의 글쓰기가 의

존하는 곳은 주로 시와 철학 두 영역의 융합이다. 한때 나는 이 두 영역 간의 불협화음으로 적잖이 고통을 겪기도 했다. 그러나 지금 나에게 철학과 문학은 내 영혼의 한 지붕 밑에 동거하는 가족이며, 이 둘은 늘 끊임없이 대화하고 협력하며 사는 사랑스런 존재이다. 처음에 철학과 문학 사이에는 서로 간극이 심했고 또 이질적이라는 생각이 들 때가 많았다. 그래서 한때는 나 스스로의 개성을 억압해가며 시 쓰기를 그만두기도 했다. 그러나 타고난 재능을 버리는 일은 나에게 너무 힘든 일이었다. 결국 둘은 화해를 시도했고, 철학은 문학에게 뿌리와 비전, 비판 능력과 종합능력을 제공하고, 문학은 철학에게 상상력과 수사력, 감성을 제공하기에 이르렀다. 아마도 이것은 지금 나의 개성 있는 철학의 작업, 인문학적 작업을 가능케 하는 원동력이 되는 부분일 것이다.

3. 늪, 오만 잡것들의 고향

늪은 지구의 숨통(허파)으로 불리기도 하면서 부서져 가는 자연의 생태환경을 복원해주는 역할을 한다. 답답한 지구에 인간다운 삶의 공간을 만들어주는 늪.

늪은 문명의 주변 지대에 위치하면서 도시와 과학 기술, 자본주의가 쏟아내는 오만 잡것들을 받아들여 정화하며, 지하-지상, 생물-무생물-동물, 자연-인간 등의 삶의 건강한 생태 공간을 만들어 간다. 바로 그것에서 사람의 무늬가 만드는 삶의 즐거움과 보람과 같은, 인문적 지성의 흔적을 발견할 수 있다.

늪의 사고는 혼돈과 질서를 겸비한 삶의 방식을 말하며, 뒤에서 말할 사유, 글쓰기, 담론, 생활하기라는 인문학하기, 철학하기의 새로운 틀과 일맥상통하는 점이 있다. 늪의 사고는 세속의 지평에서 세속에 동참 연대[親民]하여 함께 자신이 철학하고

(eigenes Philosophieren), 자신이 사색해(eigenes Denken)가는 것을 의미한다. 한편으로 이것은,

> 자생하는 풀숲과 진흙의 발을 서로 딛고 오르내리는 물의 음계音階, 늪의 지성知性, 온몸을 부비며, 아름다운 화음和音으로 연대한 공생과 자치의 터

라는 시적 표현도 가능하다. 어쩌면 진정한 인문학함의 사고는 이러한 시적詩的, 생태적인 삶을 지향하는 열망 같은 것에서 싹터오는 것일지도 모른다. 사람, 동물, 식물만의 아픔뿐만 아니라 돌, 물, 그리고 바닷가의 파도에 밀리는 모래알의 말없는 아픔도 함께 느끼는 자비의 마음, 늪의 글쓰기에는 그런 심성이 전제가 된다. 사람됨, 사람다움을 추구하는 노력에서 톱니화된 답답한 우리의 삶에 숨통을 틔워주는 것이다. 늪의 정신에서 나는 그것을 바라보고자 한다.

'늪'은 내가 지향하는 사유와 글쓰기의 원리를 상징적으로 잘 드러내 보여준다. 이러한 나의 「늪의 사유」, 「늪의 글쓰기」는 사실 솔직히 말하면 내가 몸담고 있는 영남대학교의 풍경과 분위기가 가져다준 하나의 영감이기도 하다. 예컨대, 의인정사宜仁精舍의 고전 강독과 첨단 공학 실험실, 까치구멍집과 22층 건물, 국산 토종 소나무 숲과 마로니에 거리, 아스팔트길과 오솔길, 솟아오르는 분수의 열정이 있는 못과 연꽃이 만발한 선禪적 분위기의 침묵하는 연못, …. 이렇게 얼핏 보기에는 상대적이고 이질적인 이원화 된 요소들이 공생하는 곳. 나의 시적, 철학적인 사색이 자라난 곳이 바로 이곳이다.

늪 속에는 '혼돈'과 '질서'가 '공생'하는 '자치'와 '자연'의 공간이 있다. 늪은 우리들의 삶과 사색을 세상만물에 대해 전방위적

으로 하게 만드는 지혜를 가져다준다. 사물 전체가 바로 사색함, 철학함, 행위함의 텍스트인 것이다. 그러므로 사물과 사태 그것 위에서 연마해 가는 사상마련事上磨鍊이 우리의 과제가 된다.

이러한 늪의 사고로 보면, '주경晝耕없는 야독夜讀'도 안 되며, '야독 없는 주경'도 안 된다. 야독에서 주경으로의 작업은 '사유에서 글쓰기로, 글쓰기에서 담론으로, 담론에서 생활하기로'의 길이며, 주경에서 야독으로의 작업은 '생활하기에서 담론으로, 담론에서 글쓰기로, 글쓰기에서 사유로'의 길이다. 이러한 사유 글쓰기 담론 생활하기의 동시적 쌍방적 소통의 도식은 다시 말하면 '앎에서 삶으로, 삶에서 앎으로'라는, 나와 타자를 합일적으로 바라보려는 이른바 수기치인修己治人적, 성기성물成己成物적인 내외합일內外合一의 인문학함을 의미한다.

사유는 사고함, 생각함, 독서하고 연구하는 것 전체를 말하며 결국 자신과 세계에 대해 깊고 넓게 이해, 해독하는 작업이다. 글쓰기는 스스로 사유한 것을 표현, 기술, 논술하거나 또는 논평, 비평, 해설하는 작업이다. 여기에는 암호나 기호적인 것으로 굳어서 딱딱해진 개념, 어휘, 단어들을 일반인들이 알아들을 수 있도록 손가락, 발가락 등으로 글을 써서 보여주는 것이다. 그렇다면 사유한 것을 풀어내는 데에는 다양한 형태의 글쓰기가 가능해진다.

4. 화엄적, 연기적 성찰

한편, 늪은 불교식 표현을 빌자면, 삶과 세계의 연기적緣起的현실을 상징적으로 잘 드러내 보여준다. 그래서 늪의 글쓰기는 연기적 글쓰기라 정의해도 좋다.

연기적 글쓰기는 궁극적으로는 나의 심신의 활동 모두가 타자 전체와 관계, 관련, 침투, 융합, 소통, 포괄, 포섭으로 즉면卽面해 있다는 자각에서 비롯된다. 이것은 단일한 사안, 사물에 진리를 인정하고 그것에만 집착하는 이른바 실체적 글쓰기를 벗어나 모든 사고·행위의 타자와의 복잡한 관계망 속에서 글을 쓰는 '관계적 글쓰기, 사적事的 글쓰기'이다. 고정화된, 정형화된, 그래서 본질의, 불변적 정의定義를 지닌 이른바 실체적 글쓰기 - 이것을 나는 사적事的 글쓰기에 대해서 '물적物的 글쓰기'라 표현하고 싶다 - 가 아니란 말이다.

관계적 = 사적 글쓰기는 순純과 잡雜, 성聖과 속俗, 여러 장르와 장르, 여러 영역과 경계를 넘나드는 글쓰기이다. 이렇게 되면 삶의 전 경과·이력·과정은 걸러짐 없이[無濾過] 걸림 없이[無碍] 글 속에 실현·발현된다. 그러므로 나의 글쓰기는 '과정적 글쓰기'이자 '잡된 것들과 화해 공존하는 글쓰기'이다.

포괄적으로 '늪의 글쓰기'라 규정된 나의 글쓰기는 모든 잡된 것들과 화해하고 공존하고자 한다. 이 '늪의 글쓰기'는 내 삶의 연마·단련의 과정이기에 '수행적修行的'이고, 또한 내 삶에서 막히고 얽힌 부분을 하나하나 정리하여 해방시키고 걸림 없이 풀어낸다는 의미에서 '치유적'이다. 그래서 스스로의 삶을 있는 그대로 '털어놓는', 우울·절망을 '푸는' 것이며, 복잡하고 오만가지 잡된 것들과 얽혀있는 삶의 과정을 있는 그대로 정직하게 하나하나 표현해 나가는 글쓰기이다. 이러한 수행적 글쓰기이자 치유적 글쓰기는 '늪의 글쓰기'의 단면을 보여주는 것이다.

나의 모든 동작 하나하나, 말 한 마디 한 마디, 한 생각 한 생각이 일체, 타자와 관련된다면 '지금', '여기'의 내 심신心身의 활동은 '시작[初發]이 곧 끝[窮極]'인 셈이다. 단초는 항상 끝, 종결로 연결되어 간다. 초발심시변성정각初發心時便成正覺(『화엄경華嚴經』), 즉 '처음 발심(= 바른 깨침에 마음을 냄) 할 때가 바로 정각(= 바른 깨침)을 이룬 때'라는 말이 핵심을 잘 짚어준다. 글쓰기를 시작한다는 것은 일체, 타자와 직접 관련되는 순간이며, 그 연기적緣起的 실상을 바로 깨닫는(자각하는) 것이다.

늪의 글쓰기에서는 다음의 이론적인 전제가 있다.

첫째, 지극히 작은 것이 지극히 큰 것이며, 하나가 전체이다.

둘째, 세상의 모든 존재는 나와 관계하고 있으며, 나의 심신의 미동微動이라는 일점一點이 커다랗게 원을 그리는 형태로 구체적 의미를 드러내 간다.

셋째, 나를 위한 것이 곧 타자를 위한 것이며, 나에게서 일어나는 일들은 늘 '모든 생명과 함께'라는 틀 속에 들어있다.

이것은 화엄사상華嚴思想에서 말하는 '현상과 현상 사이에 걸림이 없다'는 이른바 '사사무애事事無碍'의 글쓰기를 말한다.

5. 연결, 맞닿음, 미안함, 그래서 '하나됨'으로

그러면 늪의 글쓰기를 왜 화엄적華嚴的 글쓰기라고 하는가? 화엄적 글쓰기란 한마디로 '서로 의존하고 서로 침투하는' 상즉상입相卽相入, '원만히 하나가 되어 걸림이 없는' 원융무애圓融無碍의 글쓰기이다.

각 장르들이 하나의 글 가운데에 포섭이 되면서도[총상/總相], 글 가운데에 포섭된 각 장르들은 실제 각양각색으로 별개의 것[별상/別相]으로 있다. 또한 이 글이 이루어져 있을 때 하나의 기본 주제를 중심으로 생각하면 모든 장르는 같은 것이 되지만[동상/同相], 각 장르는 그 나름의 다른 짜임새와 내용을 갖는다[이상/異相]. 다르게 말하면, 각기 다른 짜임새와 내용의 장르들이 하나의 글을 이루면서[성상/成相], 실제 장르들은 그것대로의 자성自性에 머물러 이동함이 없다[괴상/壞相]. 여기서 '글'을 '늪'

으로 대비해 보고, 그 늪에 담겨 있는 각 개물個物들을 하나의 장르로 대비해 보면 된다. 늪에 있는 각 개물들은 독존하면서 상호 화합하고, 원만·원융하면서 개별적·차별적이다. 거기엔 우리들 삶의 현실처럼 대립과 투쟁, 생성과 소멸, 화합과 연대가 동시적으로 이루어지고 있다. 작은 것은 작은 것대로 큰 것은 큰 것대로, 새는 새 대로 개구리는 개구리대로, 잡초는 잡초대로 갈대는 갈대대로, 흙은 흙대로 물은 물대로 각기 본연의 성性, 즉 각기 지닌 특색, 개성을 가꾸어 가며 늪에 포섭되어 있다. 개개의 사물·사태는 독립자존이지만 동시에 그것은 전체의 일원이다. 세계의 이러한 진실[實相]을 사사무애법계事事無碍法界(현상과 현상 사이에 걸림 없는 존재의 세계)라 한다. 이 사사무애의 '법계'가 상의상존相依相存, 상즉상입相卽相入, 상즉원융相卽圓融의 '연기'적 실상을 여실하게 드러내 보여준다. 이것은 바로 깨달은 자의 눈에 드러난, 존재의 세계가 갖는 진실한 모습, 즉 '법계연기法界緣起'인 것이다.

법계연기는 우리의 삶의 세계의 실상이다. 이러한 삶의 세계, 삶의 현실을 떠나서 우리에게 별도 차원의 진리란 없다. '삶의 현실', '사태 그 자체'에 즉해서 진리가 있는 것이다. 그래서 '즉사이진卽事而眞'이라고 한다. 현실과 사태의 배후에 독립적으로 존재하는 어떤 진실도 없다. 바로 이점은 글쓰기에서도 그대로 적용된다. 삶의 세계, 삶의 현실 바로 그것을 떠나서 글쓰기란 없다. 글을 쓴다는 것은 생각-행위-담론과 직접 연결되어 있고 상호 침투되고 반영된다.

이렇게 '나와 모든 생명이 함께 하는 글쓰기' 즉 내가 세상의 모든 생명과 더불어 함께 하는 마음을 갖는, '나'와 '글'이라는 어떤 실체에 집착하는 것이 아닌 나를 철저하게 '관계적인 것'으로 바라보는 연기적 관점의 '연기적 글쓰기'는 내가 주장하는 '늪의 글쓰기'의 본질이다.

이러한 나의 늪의 글쓰기, 연기적 글쓰기는 결코 어렵거나 딱딱하지 않다.

이것은 다음의 내 시 쓰기에도 잘 드러나 있다.

걸었던 길들에게 미안하다
꽃피지 못하는 저 풀들의
뿌리에게 미안하다
언 돌과 굳은 흙 위로 무심히 내딛던 내 발길,
네 영혼을 너무 아프게 했구나
그래서 미안하다
가만히 홀로 있어도, 난
너의 곁에 너무나 가까이 닿아 있었구나
- 최재목, 「봄날」 전문

이 시에서 '가만히 홀로 있어도, 난/너의 곁에 너무나 가까이 닿아 있었구나'라는 생각은 결국 나의 심신心身이 있는 존재하는 한 타자들의 '영혼을 너무 아프게'하고 있다는 성찰에서 비롯된다. '그래서 미안하다'는 자비심의 발현, 이런 '미안한 글쓰기'는 결국 시적 글쓰기, 생태적 글쓰기, 모성적인 글쓰기, 자비적 글쓰기와 같은 이른바 따뜻한 글쓰기로 향해 간다. 그래서 결코 딱딱하거나 차갑지 않게 된다.

이처럼 인문학, 철학이 계몽이라는 오만한 허구의식에서 벗어나 오만 잡것과의 섞임과 화해, 자비의 길을 새롭게 열 수 있다. 화광동진和光同塵(빛을 부드럽게 하여 티끌(세속)과 함께 함)의 어우러짐을 지향하는 바로 '늪의 글쓰기'를 통해서 말이다.

7장 깨달음에 이르는 글쓰기를 위하여

1. 글쓰기, '무엇인가'와 '어떻게'가 순환하는

나는 최근 모 신문에 단 열 자의 시를 쓰고 거기에 100자 정도의 시작 노트를 붙이는 이른바 「열 자로 읽는 세상」을 연재한 적이 있다. 예를 들면 그것은 다음과 같다.

파도였던가 기껏 바다는

몇 년 만에 처음 바다엘 갔다. 여름은 끝났다. 바다가 기껏 내게 보여주었던 건 파도뿐이었다. 그렇다. 바다는 파도였다. 바람 속에서 일렁거리며 날 기다려준 저 푸른 마음

난 이 글을 준비하면서 글쓰기에 대해 많은 생각을 했다. 열 자로는 참으로 표현하기 힘든 것이 있는 반면, 단 열 자만으로도 표현해낼 만한 것이 참 많이 있다는 것을 알았다. 그런데, 글자 수가 줄어들면서 일어나는 가슴 답답함은 마치 내가 좁은 방 속에 갇혔다는 착각을 느낄 정도였다. 글자가 줄어들어 무언無言에 가까워질수록 왜 나에게 이런 '답답하다'는 생각이 드는 걸까? 말을 줄이니 생각은 압축·제한되고 긴장된다. 만일 나에게 끝내 이 열 자도 버리고 네 자, 세 자, 한 자로 줄여서 쓰라고 한다면 나는 무엇을 어떻게 표현할 수 있을까? 이런 생각을 할수록 나에게 이런

물음이 떠오른다. 글이란 무엇인가? 글쓰기(writing)란 무엇인가?

이렇게 내가 '무엇인가?(What)'라고 묻는 것은 사실 본질론에 해당하며, 근본적 문제에 접근해 가는 것이다. 그런데 이런 질문은 보통 정면에서 답하기가 곤란하며 당혹스러울 때가 많다. 이럴 때에는 차라리 살짝 방향을 바꿔 물음의 정면을 비껴서, '글을 어떻게 쓸 것인가?'라고 물어도 된다. 그러면 한결 대답에 다가서기가 쉬워지는 듯하다. 이 '어떻게(How)'의 문제는 방법론에 해당한다. 물론 본질론과 방법론은 내용이 서로 다르다.

'어떻게'의 문제는 '무엇인가?'의 문제가 풀려야만 논의될 수 있다. 즉 '무엇인가?'의 물음과 그에 대한 해답은 '어떻게'를 푸는 전제가 된다. 그러나 우리가 전제가 된다고 해서 '무엇인가?'에만 매달려 오로지 거기에만 머문다면, 우리들의 삶과 세계에 대한 거의 모든 문제들이 한 발자국도 꿈쩍할 수 없는 경우가 허다하다. 그래서 '무엇인가?'의 문제는 '어떻게'라는 탐구를 통해서 어느 정도 해답을 얻어낼 수 있다. 이렇게 해서 결국 '어떻게'의 문제는 '무엇인가?'를 풀기 위한 쪽으로 귀결된다. 양자는 왕복 순환을 통해서 상호 해답의 자료를 얻는다. 이것은 나의 글쓰기에서도 마찬가지이다. 즉 '글쓰기란 무엇인가?'를 묻다가 어려워지면 '글을 어떻게 쓸 것인가?'라는 쪽을 물어 들어가서, 그 결과를 토대로 다시 '글쓰기란 무엇인가?'에 답하는 것이다.

글쓰기는 '정의定義'보다도 '표현'이 우선한다. 정의되기 전에 인간의 글쓰기는 이미 거기(Da) 그렇게 있다(sein). 자신이 하고 싶은 말을 문자를 통해서 표현하는 것을 글쓰기라고 한다면 분명 글쓰기는 '나'를 표현하는 한 방법이다. 나를 '표현하고 싶다'는 것은 나를 남에게 '알리고 싶다'는 뜻이다. 물론 남을 위해서가 아니라 오로지 자기만을 위해서 쓴 글도 있을 수 있다. 그러나 그런 글마저도 남과의 관련성을 상실한 것이 아니다. 우리는 태어

나는 순간 수많은 은혜의 연관 속에 내버려진다. 우리 개개인은 타자들과 서로 관계하면서 그들의 보이지 않는 빚을 지고 사는 것이다. 따라서 '홀로이다. 그래서 마음대로 해도 된다'는 생각을 삼가야 한다는 뜻의 '신독愼獨'(『中庸』)이란 말을 되새겨 볼 만하다. 결국 글쓰기는 자기 자신을 표현하고 자기 자신만을 위한 것일 수도 있지만 궁극적으로는 타자와의 소통을 위한 것이다.

양명학陽明學의 좌파로 '거짓[假]'을 버리고 '참[眞]'을 추구하고자 했던 명말明末의 진보적 지식인 탁오卓吾 이지(李贄, 1527-1602). 그는 반유교적反儒教的인 언설로 정부 당국으로부터 박해를 받곤 했으며, 마지막에는 투옥되어 옥중에서 76세의 나이에 자살로써 생을 마감한다. 그는 생전에 '태워버려야 할 책'이라는 뜻의 『분서焚書』, '산중에 꼭꼭 묻어버려야 할 책'이라는 뜻의 『장서藏書』를 썼다. 이것은 이단의 책으로 중국사상사에 잘 알려진 책이다. 그러나 이 책들은 태워버려지지도 묻혀버리지도 않고 지금까지 사람들에게 읽히고 있으며 그 사상적 가치가 음미되고 있다. 특히 이탁오는 당시 세간에서 흔히 읽히는 소설 형식의 글쓰기도 성현이 지은 《경서經書》 못지않게 주요한 것으로 평가하고 있다. 그는 아마도 지상에는 묻어버려야 하고 태워버려야 할 글도 글쓰기도 없다고 생각했던 것이 아닐까?

글쓰기에는 많은 종류가 있다. 하지만 거기에는 차별이 있을 수 없다. 모두 평등하다. 『장자莊子』의 「제물론편齊物論篇」에서 '만물은 애당초 (그것으로서) 그러한 바가 있고, 또 진실로 옳은 바가 있다[物固有所然, 物固有所可]'고 말하듯이, 모든 글쓰기는 각각의 존재 의의(가치)가 있는 것이다.

2. 글쓰기 없이는 진리도 없다

유사 이래로 수많은 글쓰기가 있어 왔다. 철학哲學에서건 문학文學에서건 종교宗教에서건 글쓰기라는 수단과 방법을 통해서 인간은 스스로를 남에게 표현하고 전달해 왔다. 글쓰기 없이는 아무리 궁극적인 의미가 있어도 그 의미를 고정화, 객관화, 보편화하여 지속적으로 전달하기가 어렵다. 각 종교의 성전聖典들, 철학과 문학의 고전古典들도 글쓰기가 없었으면 불가능했던 것들이다.

영어 릴리전(religion)을 번역한 한자어의 '종교宗教'라는 말은 '으뜸·궁극(=神 혹은 그런 존재를 말함)'이라는 뜻의 '종宗'과 '가르침·교설'이라는 뜻의 '교教'가 합하여 이루어졌다. 그래서 종교는 ①'종의 교'인가 ②'종과 교'인가 하는 물음이 생겨날 수밖에 없다.[1] ①이든 ②이든 간에 궁극적인 어떤 것도 '말[言語]'과 '글[文字]'을 통한 '가르친다'라는 행위 없이는 불가능하다. 이 가르침의 행위에서 글쓰기는 필수불가결한 것이다. 신의 소리마저도 사람들에게 전달될 때는 글로써 표현되어야 한다.

그렇다. 『대승기신론大乘起信論』에서는 진여眞如 즉 진리는 말에 의지해 있음을 보여준다. 즉 '말을 여읜 진여[離言眞如]'를 이야기하면서도 '말에 기댄 진여[依言眞如]'를 이야기하고 있는 것이다. 본래 진여는 언어·문자를 통한 이른바 개념적 사유를 초월한 것이다 하지만 그것은 또한 언어·문자에 의지하지 않고서는 사람들에게 전달될 수가 없다. 원효도 『대승기신론』「별기別記」에서

---

1 보다 구체적으로 宗教는 ①宗之教(종의 교: 종 속에 내재해 있는 교라는 말), ②宗則教(종이 곧 교: 종 그 자체가 곧 교의 성격을 보여준다는 말), ③宗與教(종과 교: 종과 교는 서로 관련이 있지만 각기 고유한 영역이 있다는 말)로 나눌 수 있다.

'말과 글에 기대어서 말과 글을 버릴 수밖에 없다[因言遣言]', '진리를 드러내는 것이 말과 글을 떠나지 않는다[顯理不離言說相]'라고 하였다. 언설言說에 기대지 않고서는 진리를 표현·전달할 수 없는 것이 인간의 현실이다.

중국의 유명한 시인 도연명(陶淵明, 327-427)은 다음과 같은 시를 쓴 적이 있다.

사람 사는 곳에 초가 짓고 살아도
수레와 말달리는 시끄러움 모르겠네.
그대에게 묻노니 어찌 그럴 수 있는가?
마음이 (속세로부터) 멀어지니
사는 곳이 저절로 외지게 되네.
동쪽 울 밑에 핀 국화를 따고
물끄러미 남산을 바라보네.
어스름 저녁 산 기운 아름답고
나는 새들 짝지어 돌아오네.
이 속에 참된 뜻[眞意 = 道]이 있는데
말하려 해도 이미 말을 잊고 마네.[2]

도연명은 마지막 구절에서 진리[道]는 표현하고자 해도 언어[言]로써는 표현할 수 없는 어떤 것으로 묘사했다. 말과 진리 사이

---

2 結廬在人境, 而無車馬喧
問君何能爾, 心遠地自偏
採菊東籬下, 悠然見南山
山氣日夕佳, 飛鳥相與還
此間有眞意, 欲辯已忘言.

의 간극과 거리, 즉 표현될 수 없고 개념화될 수 없는 진리가 말로써 표현될 때의 위험성을 지적한 것이다.

『장자莊子』「천도편天道篇」에도 이런 이야기가 있다.

> 제齊나라의 환공桓公이 당상堂上에서 책을 읽고 있었다. (수레바퀴를 깎는 일을 하는) '편'이란 이름의 노인[輪扁]이 수레바퀴를 깎고 있었는데, 손에 잡은 망치와 끌을 놓고 당상으로 올라가서 환공에게 물었다. "잠깐 여쭙겠습니다. 공公께서 읽으시는 것은 무슨 말[言]이오니까?" 환공이 대답했다. "성인의 말씀[聖人之言]이니라." 편은 물었다. "그 성인은 아직도 살아 계십니까?" 환공은 대답했다. "벌써 죽었다." 편은 말했다. "그러시면 임금께서 읽으시는 것은 옛 사람의 찌꺼기[古人之糟魄]라는 말씀이겠지요." 환공은 노하여 말했다. "과인寡人이 책을 읽고 있는데 수레바퀴를 깎는 사람이 어찌 함부로 참견하고 드는가? 할 만한 말이 있으면 좋지만, 할 만한 말이 없을 때는 죽이리라." 그러자 편은 말했다. "신臣은 신이 하고 있는 일에 비추어서 말씀을 올리는 것입니다. 수레바퀴를 깎을 때는, 느리게 깎으면 헐거워져서 단단하지가 못하고, 급히 깎으면 빽빽하여서 들어가지가 않습니다. 느리지도 않고 급하지도 않게 하는 것은 순전히 손으로써 알고, 마음으로 전해질 뿐, 입으로 말할 수는 없는 것입니다. 깊은 이치는 바로 그 사이에 있는 것입니다. 그 이치를 신臣은 신의 아들에게 가르쳐 줄 수가 없고, 신의 아들 역시 신에게서 받을 수는 없는 것입니다. 따라서 신도 칠십의 나이가 된 이날까지 늙도록 수레바퀴를 깎는 일을 해 오고 있는 것입니다. 옛날 사람들도 자기의 일을 남에게 전하지 못한[古之人

與其不可傳也] 채 죽어간 것이 틀림없습니다. 그렇다고 하면 임금께서 읽으시는 것도 그 옛 사람이 남긴 찌꺼기[古人之糟魄] 일 뿐이라는 것이 되지 않겠습니까."[3]

수레바퀴를 깎는 노인 편은 책에 씌어진 글[書]이라고 하는 것은 말[言]과 마찬가지로 그것이 지시하는 어떤 것을 완전히 전할 수는 없다는 것이다. '옛날 사람들도 자기의 일을 남에게 전하지 못한[古之人與其不可傳也] 채 죽어간 것'처럼, 말이나 글에 의한 표현의 한계를 지적한 것이다. 그러면 결국 진리를 드러낼 수 없기에 글쓰기는 필요 없는가?

아니다. 글쓰기 없이는 철학도 종교도 인문학도 미래가 없다. 『도덕경道德經』 제1장에서는 "도道라고 말할 수 있는 도는 항상된 도가 아니다. 이름 붙일 수 있는 이름[名]은 항상된 이름이 아니다道可道非常道, 名可名非常名"라고 하였다. 하지만 우리가 읽고 있는 『도덕경』은 무려 5,000여 자나 된다. 인간의 개념적 표현의 한계를 이야기하는 데에도 결국은 많은 말이 허비된 셈이다. 아니 수많은 말을 허비해서라도 설명할 것은 해야만 되는 것이다.

주자학의 이학理學에 맞서서 심학心學을 제창한 왕양명(王陽明, 1472-1528)은 '뭇 성현이라는 권위도 '내 마음[良知]=주체의 그림자'에 지나지 않는다. 왜냐하면 양지가 곧 나의 스승[師]이기 때

---

3 桓公讀書於堂上, 輪扁蔬輪於堂下, 釋椎鑿而上問桓公曰, 敢問公之所讀爲何言邪, 公曰, 聖人之言也, 曰, 聖人在乎, 公曰, 已死矣, 曰, 然則君之所讀者, 古人之糟魄已夫, 桓公曰, 寡人讀書, 輪人安得議乎, 有說則可, 無說則死, 輪扁曰, 臣也以臣之事觀之, 蔬輪, 徐則甘而不固, 疾則苦而不入, 不徐不疾, 得之於手而應於心, 口不能言, 有數存言於其間, 臣不能以喩臣之子, 臣之子亦不能受之於臣, 是以行年七十而老蔬輪, 古之人與其不可傳也死矣, 然則君之所讀者, 古人之糟魄已夫.

문이다」[4]라고 말한다. 이렇게 해서 그는 경서經書는 사람이 진리[道]를 인식하기 위한 기본적인 자료제공의 역할을 수행할 뿐이라고 본다. 즉, 양명은 고기를 얻으면 통발을 잊듯이[得魚而忘筌][5] 진리[道]를 얻게 되면 《오경五經》은 통발에 불과하며, 《사서四書》·《오경五經》과 같은 서적은 마음의 본래 모습을 설명한 것[6]으로 본다. 육상산(陸象山, 1139~1192)이 "《육경六經》은 모두 내 마음의 각주(脚註, footnote)이다"[7]라고 한 것처럼, 양명陽明도 성인이 남긴 경서를 내 마음의 재산을 기록해 놓은 그 목록[記籍]과 같으며 경서의 내실[實]은 다름 아닌 나의 마음에 갖추고 있다고 보았다.

양명은 경서와 나의 마음[心]을 병열시킴으로써 경서에 대한 마음의 고유 영역을 정립하고, 나아가서 경서의 내실[實]이 결국 마음에서 연원함을 지적한다. 그래서 경서의 의미는 경서 자체에 있는 것이 아니라, 경서의 도리를 나의 마음에서 구하고 또 이것을 때에 따라 행하는 것이 경서를 존중하는 것[尊經]이라고 보았다.[8] 이렇게 해서 양명에게 있어 경서는 인간 주체의 고양에 따라 상대화되고 만다. 결국 경서는 초역사적인 것이 아니라 역사적인 산물이 되고 만다. 이런 관점에서 본다면, 글쓰기란 결국 나[주체]를 드러내는 수단, 방법에 지나지 않기에 글과 책 그 자체

---

4 『陽明全書』 卷20, 兩廣詩, 「長生」: 千聖皆過影, 良知乃吾師.

5 『陽明全書』 卷22, 外書4, 「五經臆說序」

6 『傳習錄』 上: 四書五經, 不過說這心體.

7 『陸象山全集』 卷34, 語錄: 六經皆我註脚.

8 즉 양명은 이렇게 말한다. "經常道也, …六經者非他吾心之常道也, …故六經者, 吾心之其籍也, 而六經之實, 則具於吾心, 猶之産業庫藏之實積, 種種色色, 具尊於其家, 其記籍者, 特名狀數目而已, 而世之學者, 不知求六經之實於吾心, 而徒考索於影響之間, 牽制於文義之末, 感感然以爲是六經矣"(『陽明全書』 卷7, 文錄4, 「稽山書院尊經閣記」)

에는 진리가 없다. 진리는, 진리를 찾아가는 방법을 지시指示해놓은 글과 책을 읽는 바로 그 사람[讀者]이 직접 언어 낼 수밖에 없다.

『주역周易』의 「계사전繫辭傳·상」에서는 공자孔子가 "글[書]은 말[言]을 다하지 못하고, 말은 뜻[意]을 다하지 못한다"[9]고 말했다. 이처럼 글의 작자作者(=발신자發信者)의 마음을 알린 뜻[意](ⓐ)과, 그가 알려준 말[言](ⓑ), 그 알려준 말로 이루어진 글[書](ⓒ) 사이에는 분명히 '간극'이 존재하기 마련이다. 더군다나 독자讀者(=수신자受信者)(ⓓ)가 그 간극을 극복하고 발신자의 뜻을 온전히 이해할 수 있는가의 문제도 생겨난다. 알려준 자(ⓐ)와 읽는 자(ⓓ) 사이에는 분명 간극이 존재하고, 그 간극은 읽는 자에 의해서 '해석'(새로운 의미로 창조)되기 마련이다. 결국 이 읽는 자의 해석은 읽는 자 자신의 '앎'에 의해서 국한·제한되기도 하고 개방되기도 한다. 이 점에서 글은 읽는 자의 자기 이해에 해당한다.

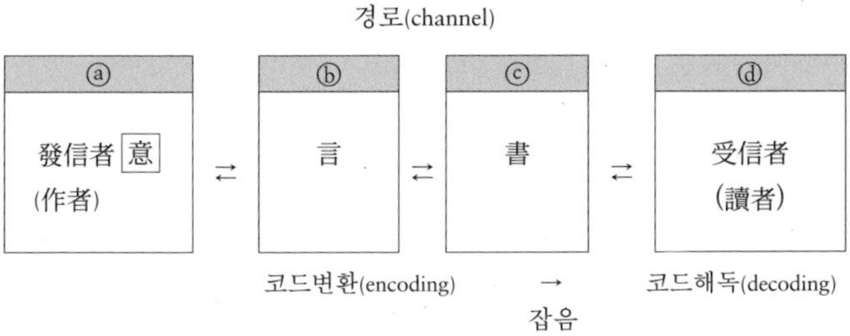

이렇게 ⓐ, ⓑ, ⓒ, ⓓ 사이의 간극은 글쓰기란 것의 위험성, 한계성을 나타낸다. 동시에 글쓰기는 이러한 '위험성'에도 불구하고 '불가피성'을 가지며, 또한 '한계성'에도 불구하고 새롭게 해

9 子曰, 書不盡言, 言不盡意.

석·이해될 수 있는 '가능성'을 갖는다는 측면에서 긍정될 수밖에 없다. 글쓰기는 말과 글을 통해서 진리의 끄트머리[端緖]를 찾아 들게 하는 좋은 수단이자 방법이다.

우리들의 삶에 있어서 말이 없이는 뜻을 드러낼 수 없고, 글이 없이는 말을 전승할 방법이 없다. 말이 글로 표현되지 않고서는 그 본래의 의미가 보존되어 편리하게 전달될 수가 없다. 우리가 접하는 '고전(古典, classic)'의 대부분은 어떤 사상가 혹은 그 사상에 동조하는 제자 혹은 그 그룹[學團]에 의해서 성립한다. 성현聖賢의 말씀이 고전으로 확정되어 전해오는 이유도 여기에 있다.[10] 말, 그리고 그것을 문자로 나타낸 글은 우리의 의사를 표현하고 또한 시공간을 넘어서서 소통하도록 하는 데에 결정적인 역할을 한다. 예컨대, 붓다가 멸한 직후 그의 제자들이 모여 제일

10 우리가 전통적으로 '예[옛]'로 읽는 '고(古)'의 고대문자에 대해서 후한(後漢)의 허신(許愼)이 편찬한 중국 고문자학의 대표적 저작인 『설문해자(說文解字)』에서는, '까닭이 되는 것[故]이다. 열 십(十)과 입 구(口)에 따른 것이다. 이전의 말을 아는 것이다[故也, 從十口, 識前言者也]'라고 되어 있다. 다시 말하면 '고(古)'는 '열 십(十)'과 '입 구(口)'로 성립한 회의문자(會意文字)이다. '십구(十口)'란, '열 사람의 입이 전한 바의 것'이란 뜻이다. 서개(徐剛)의 『설문해자계전(說文解字繫傳)』에서, "고대에는 문자가 없었기 때문에 구두(口頭)로 서로 전승되었다[古者無文字, 口相傳也]"고 말한 대로, 이전 사람의 언어를 구두 전승으로 알았다는 말이다. 청대(淸代)의 단옥재(段玉裁) 주(注)에는 '생각건대, '예[古]'라는 것은 온갖 일들[凡事](=만사)이 그러한 까닭(이유)이다. 그런데, 그러한 까닭은 모두 예[古]에 갖춰져 있다. 그래서 예[古]는 까닭[故]이다라고 말한다[按古者, 凡事之所以然, 而所以然皆備於古, 故曰, 古, 故也]'라고 되어 있다. 다시 말해서 '예[古]'라는 것은 온갖 일들[凡事] 즉 만사가 그렇게 유래한 까닭(이유)이다. 결국 열 사람의 입이 전하는 것이 시간의 경과와 역사의 전개를 드러내고, 나아가서 그것은 역사의 현실을 규율하고 지도하는 법칙·규범이 된다. 고(古)라는 말이 전(典)과 결합되는 까닭은 바로 여기에 있다.

먼저 착수한 것이 결집(結集)사업이다. 이것은 부처가 설한 교설教說을 편찬하는 작업이었다. 이것은 붓다가 남긴 가르침과 법[教法], 규범[律]을 다 모아 정리하여 그것이 분산, 소실되는 것을 방지하는 것이다. 이렇게 함으로써 그것이 옳게 전승되는 데 편리해지도록 하고 나아가서는 교단의 화합과 통일을 도모하는 일이었다. 그렇다 해도 불교에서 긴 세월 동안 행해진 『팔만대장경』과 같은 글쓰기가 결국 '우는 아이 달래는 종이돈'이니 '밑 닦는 휴지'니 하는 말로 표현되는 일은 어쩔 수가 없다. 그런 종이마저 없었다면 우는 아이도 달랠 수 없고, 화장실에서 볼일을 보고 나오려는 자들을 구할 수가 없다.

글쓰기는 분명 진리를 향한 표지판 내지 방편의 역할밖에 하지 못한다. 그러나 진리로 향해 있는 그 표지판을 따라가며 여행자가 목적지에 도달할 수만 있다면 표지판은 여행자에게 필수적이다. 그래서 거리의 수많은 여행자를 위하여, 진리의 지도地圖가 없는 자들을 위하여 글쓰기는 더욱 다양하고 흥미롭고 또한 치열하게 지속되어야 마땅하다. 글쓰기 없이는 철학도 문학도 종교도 없다.

3. '나'를 쓴다, 꼴값한다, 그래서 자유롭다

우리는 흔히 '생긴 대로 논다', '꼴값한다'고들 한다. 여기서 사람은 각자 생긴 '꼴'을 지니고 있고 어느 꼴이든지 각기 지닌 '꼴'의 값 즉 값어치(가치, 의미, 목적)를 가지고 있게 마련이다. 이 경우 각자 가지고 있는 하나의 꼴은 이미 주어진 어찌할 수 없는 현실이다. 예컨대 남자이거나 여자이거나 혹은 정상이거나 비정상이거나 누구의 아들이거나 누구의 남편이거나 어느 학교 졸업생이라거나 하는 이 '~이다'라는 것은 하나의 엄연한 사실로서 바

뀔 수 없는 운명이다. 그런데 여기서 어떤 '꼴'이 지닌 본래의 '값', '값어치'를 발휘해야 한다고 자각할 경우, '~이다'라는 사실=운명運命이 '~해야 한다'는 당위=사명使命으로 바뀌게 된다. 결국 이렇게 생각하면 운명과 사명은 한 뿌리에서 핀 두 송이의 꽃이라고 볼 수 있다.

나는 글쓰기를 '꼴값하는 일'이라고 본다. 스스로의 '꼴'의 '값[가치]'을 하나하나 매겨 가는 일, 그래서 스스로를 적극 드러내는 일이 얼마나 중요한가? 그래서 나는 책을 내거나 시를 쓸 때도 보통 글이 씌어진 과정을 있는 그대로 차근차근 적어 둘 때가 있다. 시시콜콜한 이야기일지라도 그것이 에피소드이든 추상적인 것일지라도 '내'가 느끼고 생각했던 사고의 과정을 일일이 밝혀 두는 일은 말하자면 내 생각과 느낌의 원적原籍-이것을 나는 지적도知籍圖라 하고 싶다-을 분명히 하고자 하는 것이다. 여기서 외부, 타자에 종속되지 않은 나의 지적知的 독립구역을 만들고 싶기 때문이다. 마치 전통시대의 유학자들이 글을 쓸 때 '우안(愚案/愚按 : 나는 이렇게 생각한다)'라고 하듯이, '생각하는', '나'의 회복을 통해서 내가 있는 글쓰기를 해야 한다. 어리석을 '우愚' 자는 '나'를 겸손하게 표현한 것이고, '안案/按' 자는 '생각한다'는 뜻이다. 적어도 전통 시대의 글쓰기에서는 '우안愚案/愚按'이 없는 글쓰기는 없었다. 살아 있는 '내 마음이 바로 진리와 깨달음의 자리'라고 하는 이른바 심즉리心卽理의 자각이 필요하다. 살아 있는 나를 죽인 글쓰기, 살아 있는 나를 병신 취급하거나 미숙아 혹은 저능아로 취급하는 글쓰기는 꼴값도 못하는 그런 글쓰기이다. 살아있는 나를 불결하고도 불완전한 것으로 보고 괄호로 묶어두며, 보다 안전한 순수한 나를 구하려는 글쓰기는 결국 나를 보증하는 무언가를 찾아 나서게 된다. 나를 보증하는 그 무엇은 타자他者이다. 타자의 글쓰기, 타자의 지식, 타자의 이성에 매몰된 글쓰기는 항상 출처가 분명치 않다. 남을 통해서 자신의 생각과 말과 글이 나온다. 이런 출처가 없는 글쓰기는 투명 인간이나 유령을 그려놓은 것과 같다. 각주 없이는 세상이 겁나고 자신이 없어 스스로의 생각으로 한 발자국도 바깥 구경을 못하는 미숙아의 글쓰기에 우리는 익숙해 있다.

나의 글쓰기는 사람과 사회와 세계에서 필요한 것을 찾아내어 일단 '편집'하고 인정人情·사정事情·물정物情에 맞게 그것을 적극 '풀이[해석]'하여 나의 의미를 부여하고자 한다. 그래서 나의 글쓰기는 결국 로고스(logos)라는 말이 유래한 라틴어의 레게인(legein)이 지닌 뜻처럼, '모으고', '선택하고', '헤아리고(계산하고)', '말하고', '사유하는' 일이다. 나와 타자가 감응感應하는 가운데 글쓰기가 있다. 이렇게 감성의 영역이든 이성의 영역이든 양심이라는 영역에서건 '나'는 한없이 끼어들고 뒤섞인다. '나'를 제외한 순수한 글쓰기는 지상에 존재하지 않는다. '내'가 있는 글쓰기는 아름답다. 나 자신의 경험, 느낌, 생각이 있었던 자리, 즉 '내'가 있었던 자리는 비록 작고 미세한 것이라 하더라도 누군가로부터 간섭받지 않는 '주체', '주인공'의 자리이기에 진실하며 값진 것이다.

글쓰기에서 적극적인 '나'의 회복은, 불교적 용어에 비유해서 말하자면, '언어는 버리고 진리 그 자체에 푹 빠져 들어감[禪]'도 '진리 그 자체를 비껴가서 언어에 겉 돎[敎]'의 중용을 취하며 있어야 한다. 청허淸虛 휴정(休靜, 1520-1604)은 『선가귀감禪家龜鑑』에서 부처의 진리가 담긴 경전 그것에만 푹 빠진 것과 경전을 비껴간 겉돌기의 양극단을 대비시켜 다음과 같이 말한다.

> 옛날에 불교[佛]를 배우는 자는 부처님의 말씀이 아니면 말하지 않고 부처님의 행실이 아니면 행하지 않았다. 그들이 보배로 여긴 것은 오직 불경의 거룩한 글[貝葉靈文]

> 뿐이었다. 그런데 오늘날 불교를 배우는 자들은 전해가면서 외우는 것은 사대부의 글이요 구해 얻어 지니는 것은 사대부의 시詩이다.[11]

휴정은 다시 부처의 마음[禪]과 부처의 말씀[敎]은 다르지 않다고 하였다.

> 만일 누구든 말[口]에 빠지게 되면, 부처께서 꽃을 든 것과 가섭이 미소한 것이 모두가 교敎의 자취가 될 뿐이다. 하지만 마음에 얻으면, 세간의 하찮고 자질구레한 말도 모두 '교敎 밖에서 따로 전하는' 선禪의 요지가 될 것이다.[12]

진리와 글쓰기는 둘이 아니다. 왕양명王陽明은 바깥 세계의 모든 지식도 자신의 마음의 본래 모습[本體]을 성취하게 되면[成就自家心體] 모두 쓸모 없는 것이 아니라 주체[心] 속에 포용될 수 있는 것들이라고 보았다.[13] 중요한 것은 '나'이다. 나를 버리고서는 진리도 없다. 책 그 자체에 진리가 있는 것이 아니다. 책을 읽는 나에게 진리가 있다. 양명은 「양지를 노래하는[詠良知]」 시에서 다음과 같이 말한다.

---

11 『禪家龜鑑』「禪家龜鑑序」: 古之學佛者, 非佛之言, 不言, 非不之行, 不行也, 故所寶者, 惟貝葉靈文而已, 今之學佛者, 傳而誦則士大夫之句, 乞而持則士大夫之詩.(청허 휴정, 『선가귀감』, 박재양·배규범 옮김, (예문서원, 2003), 23~24쪽. 번역은 필자가 약간 고쳤음. 이하 같음)

12 『禪家龜鑑』 권上: 若人, 失之於口則拈花微笑皆是敎迹, 得之於心則世間殖言世語, 皆是教外別傳禪旨(청허 휴정, 『선가귀감』, 58쪽)

13 『傳習錄』 권上: 問名物度數, 亦須先講求否, 先生曰, 人只要成就自家心體, 則用在其中.

모든 사람 스스로가 나침반[定盤針]을 갖추고 있어,
만물 변화의 일어남은 모두 나의 마음에서 근원하네.
따라서 웃노라, 종전에 거꾸로 사물을 보려고 했고,
바깥의 지엽적인 것에서 구했던 것을.[14]

내 마음의 양지良知는 자기 자신의 '준칙準則'이며, 행위의 모든 방향을 제시하는 이른바 '나침반'과 같으므로 그 양지가 내리는 판단대로 행하면 된다. 그렇게 되면 뭇 성현이라는 권위도 '양지良知의 그림자'에 지나지 않는다. 왜냐하면 양지가 곧 나의 스승[師]이기 때문이다.[15]

글쓰기에서 나의 스승은 바로 나의 생각과 느낌, 나의 경험과 체험이다. 이 생각과 느낌, 경험과 체험이 바로 나의 양지이다. 글쓰기에서 '양지'의 회복이 절실하다.

4. 삶을 가로지르기, 내 영혼의 고향 찾기

나는 한 번씩 지난날 내가 써온 글들을 들여다본다. 그럴 때마다 나는 그 중의 어떤 것은 이성적이고 논리적인 차분한 서술이지만 또 어떤 것은 감성적이고 감정적인 서술임을 느낀다. 또 어떨 적에는 순수한 영혼의 고백에 해당하지만, 또 어떨 적에는 말도 안 되는 몽상의 토로를 만나기도 한다.

삶이 그렇듯이 나의 글쓰기는 이러한 혼잡한 삶을 서서 횡단하거나 잠복하며 통과한 과정들이다. 그렇다. 글쓰기는 내 영

---

14 『陽明全書』 권20, 居越詩, 「詠良知」: 人人自有定盤針 萬化根緣總在心 却笑笑前顚倒見枝枝葉 葉外頭尋.

15 『陽明全書』 권20, 兩廣詩, 「長生」: 千聖皆過影, 良知乃吾師.

혼의 피[血]와 살[肉]과 뼈[骨]와 몸[身體]을 드러내는 일 바로 그것이다. 쓸 수 있는가 없는가, 그것이 나에게 문제인 것이다. 결국 나는 나의 복잡한 삶과 친해지는 형태로 글을 써왔다.

나의 글 속엔 크든 작든 간에 나의 삶과 바깥 세상에 대한 생각과 느낌의 편린들이 빼곡히 담겨 있다. 글을 읽으면 그 순간, 그 시절의 내 삶의 면목들을 읽어낼 수가 있다. 그래서 글쓰기는 내 삶을 읽어내는 코드일 수밖에 없다. '세수하다가 문득 두 손에 든/물을 바라보다가, 물 한줌 쥔 동안 비치다 깨어지고/다시 짜 맞춰지는 나를 보았네, 두 손과 얼굴 사이에서/은밀히 살아남은 허공의 물방울'(최재목, 「허공의 얼굴」 일부)[16]에서 보듯이 나의 글쓰기는 내가 쥐어든 내 손의 물 한 줌에 비친 나의 얼굴을 찾아내듯, 내 삶에 은폐된 진실들을 현전現前하도록 하는(anwesend) 일인지도 모른다.

이 점에서 나의 글쓰기는 만남과 대화이다. 나의 일상적 삶에서 소통되는 모든 언어를 통해서, 전면적으로, 전심신全心身을 통해서, 삶의 궁극을 향해 가는 과정의 한 수단이자 방법이다. 나의 '「~에 대한 의식(Bewusein vom Etwas)」', 그것이 향하는 곳은 어디인가? 옛날 나의 젊은 시절에 쓴 시에서 '서성거렸던 땅/다시, 수성동으로 가고 싶다'(최재목, 「流民 -다시, 어떤 동화」 일부)[17]에서처럼, 어디인가로 '가고 싶다'는 의식, 바로 나의 글쓰기가 발원하는 그곳은 내 영혼의 고향에 대한 갈증이다. 나의 글쓰기는 이 '~가고 싶다'라는 나의 총체적 의식, 전심신全心身을 이끌고 영위하는 삶의 몸부림 혹은 내 삶의 진정한 고향으로의 열정적인 회귀이다. 그래서 나의 글쓰기는 그 자체로 삶의 낭만이기도 하다. 나의 글

16 최재목, 『나는 폐차가 되고싶다』, (시와반시사, 1998), 11쪽.

17 『죽순』 제18집, (죽순동인회, 1984), 203쪽.

쓰기를 뒷받침하고 있는 고향을 향한 내 영혼의 맑고 푸른 상상력과 낭만. 그것은 '좋은(eu-) (=good)' 그러면서도 '없는(ou-) (=not)', '장소(topos)'라는 뜻의 유토피아(utopia)일 뿐인가?

모든 것은 선을 향해 있다. 마치 아리스토텔레스가 "모든 기술과 탐구, 또 모든 행동과 추구는 어떤 선을 목표 삼는 것이라 생각한다. 그러므로 선이란 모든 것이 목표 삼는 것이라고 한 주장은 옳은 것이라 하겠다"[18]고 말했듯이, 이 점에서는 글쓰기도 마찬가지라고 생각한다. 모든 글쓰기는 선을 향한 진정한 몸부림이어야 한다.

5. 무엇을 어떻게 쓸까에 대한 고민

대학에 자리를 잡은 이래, 나는 지금까지 이런저런 글을 많이 써왔다. 돌이켜보면 십이 년간 내가 쓴 글은, 책, 전공 관련 논문, 시집, 시평詩評, 칼럼, 수필 등 여러 종류이다. 특별한 일이 없으면 나는 매일 거의 무언가를 생각하며 또 그것을 글로 썼다. 어떻게 보면 글을 '막 써댔다'고 하는 편이 옳겠다. 이렇게 막 써댄 글을 문득 돌이켜 본다. 나의 글쓰기는 내가 그것을 선택하고 결정하기 이전에 '이미 거기에 있었다'. 어쩌면 나에게 글쓰기가 있어왔다는 사실에 나는 흥미를 느낀다.

나는 지금까지 여러 글 속에서 산발적으로 그러나 선언적으로 글쓰기에 대해서 언급한 적이 있었다. 이런 나의 생각들은 『시인이 된 철학자』(청계, 2000)라는 책에 비교적 집약적으로 서술되어 있다. 이렇듯 지금까지 이곳저곳에서 내가 선언적으로 언

---

18 아리스토텔레스, 『니코마코스 윤리학』, 최명관 옮김, (서광사, 1984), 31쪽 (1094a).

급한 글쓰기를 나는 좀 체계화하고 제대로 된 내용으로 보여주고 싶었다. 이런 생각에 자극을 준 것은 몇 해 전 「수행적 글쓰기, 치유적 글쓰기(Writing as Discipline and Therapy) - '잡雜' 다시 읽기 -」(『백련불교논집』 제10집)란 글을 발표하면서부터다. 이때 박규태 박사(당시 서울대 종교문제연구소 연구원, 현 한양대 교수)는 「틈새의 글쓰기」란 제목의 논평문 끝부분에서 내 글을 이렇게 정리, 평가해준 적이 있다.

> … 나의 용어를 빌리자면, 최재목 선생님의 수행적 글쓰기, 치유적 글쓰기, 늪의 글쓰기는 틈새의 글쓰기에 다름 아니다. 그런 의미에서 발표자는 '틈새의 견자見者'라 할 수 있다. '나의 위기'를 품고 사는 '틈새의 견자'에게는 무엇보다 수행이 요청되고, 수행하는 자는 늘 늪의 심연으로 빠져드는 '잡雜'의 존재론을 살지 않을 수 없다. 행자가 추구하는 것은 결코 '순純'이 아니다! 순純 = 통統 = 정精 = 진眞 = 성聖만을 고집하는 자는 수행의 필요성도 치유의 의미도 믿지 않는다. 수행과 치유는 '순純'이라는 거짓말 대신 '잡雜'의 위험을 선택하는 '틈새의 견자'에게 하나의 아름다운 시어詩語로 열린다. 시인이 정직한 학자가 되고 학자가 소박한 시인이 될 때, 인문학자의 위기는 소리도 없이 사라질 것이다.[19]

나는 나의 글쓰기를 「틈새의 글쓰기」로 평가해준 박규태 박사에게 늘 고마움을 느껴왔고, 그 고마움을 언젠가 완성된 이론으로 보여주고 싶은 생각을 간직하고 있었다.

---

19 『백련불교논집』 제10집, (백련불교문화재단, 2000), 304쪽.

이제부터 나는 '나'의 글쓰기에 대해서 하고 싶은 말을 하게 될 것이다. 나는 나의 글쓰기에 정면으로 태클을 해대며 도대체 '너의 글쓰기가 뭐꼬?'라고 스스로 따갑게 물으며 나의 글쓰기의 철학을 차근차근 밝히고자 한다. 이 화엄적 글쓰기는 글쓰기의 일반적인 방법론을 서술하는 것도 아니고 고원한 이론만을 서술하는 것도 아니다. '나의 글쓰기'에 대한 고백이자 스스로의 관점을 논리적으로 분명하게 서술해보는 것이다.

나는 모든 글들이 공존하면서 서로가 서로에게 반영되고 영향을 주면서 상호 보완·수정되어, 각각 새로운 모습의 글쓰기를 전개해 가기를 바란다. 그래서 나는 모든 글쓰기를, 예컨대 논문이든 문학작품이든 무엇이든, 평등하게 바라볼 것이다. 모든 글들은 다 의미가 있으며 또한 상의상존相依相存할 수밖에 없다. 이러한 상생적相生的 글쓰기에는 감성적(감흥적·즉흥적 포함) 글쓰기, 이성적(인지적) 글쓰기가 모두 평등하게 포괄된다. 이 점에서 나는 나의 글쓰기를 '늪의 글쓰기'라고도 불렀고, '수행적 글쓰기, 치유적 글쓰기'라고도 불렀다. 발단은 내가 발견한 '늪'이란 개념에서이다. 그리고 이에 착안한 '늪의 글쓰기', 나아가서 이런 글쓰기를 합하여 '관계적 글쓰기, 연기적 글쓰기'라고 무모하게 명명한 적이 있다. 내가 연재하고자 하는 '화엄적 글쓰기'는 이러한 것들을 철학적으로 포괄한 개념이다.

결국 나의 글쓰기는 선을 향한, 아름다운 삶을 위한 귀향의 한 과정이라고 할 수 있다. 이 점에서 나의 글쓰기는 사고의 완성을 보여주는 것이 아니다. 글쓰기의 전 '과정'을 시간적으로 솔직히 보여주며 써 가는 이른바 '과정적 글쓰기'이다. 이것은 마치 선禪의 세계에서, 그 수행 입문入門 과정에서 '각覺'의 경지에 이르기까지를 열 단계로 나누어 비유 설명한 좌십우도十牛圖에 비유된다. 글쓰기는 바로 진정한 자아인 '소'를 찾아 나서는 일과도 같다.

8장 늪, 늪의 글쓰기

1. 늪, 시적, 생태적 공간, 그 다양한 연상과 상상 속으로

내가 '늪'이라는 말을 꺼내면 어떤 사람은 '…가려진 커텐 틈 사이로 처음 그댈 보았지. 순간 모든 것이 멈춘 듯 했고 가슴엔 사랑이…. 꿈이라도 좋겠어 느낄 수만 있다면…'라는 가사로서 귀에 익숙한 조관우의 「늪」이란 노래를 연상하곤 한다.

백과사전에서는 늪(swamp)을 '수심 3m 이하로 호수와 비슷한 개흙이 많은 물웅덩이'라 하고 다음과 같이 기술하고 있다.[1]

> 얕기 때문에 햇볕이 늪의 바닥까지 충분히 내리쬐므로 순채·검정말·새우말·물수세미 등의 침수식물沈水植物이 바닥 전면에 무성한 것이 보통이다. 또 바닥에는 생물의 시체 등 유기물이 퇴적되어 있고, 산호는 볼 수 없다. 수심이 얕아 바람에 의해서 물이 교란되기 때문에 여름철에도 물이 정체되는 일이 거의 없다.
>
> 저생동물底生動物로는 실지렁이 등이 풍부하여 부영양형富營養型에 속한다. 호수는 시간이 흐름에 따라 모습을 바꾸어간다. 그 변화는 아주 완만하며 주요한 작용은 호수의 매적埋積에 의한다. 즉, 호수 → 늪 → 소택지沼澤地로 변

1 http://kr.encycl.yahoo.com/final.html?id=40924&from=enc

화해서 결국 습지에서 초원으로 바뀐다. 소택지는 이 변화과정에서 개수면開水面이 있는 최후의 단계라고 생각된다. 따라서 늪은 호수의 변천과정에서 보면 노령기의 것으로 간주된다.

또한 국어사전에서는 늪을 '호수보다는 작으나 못보다는 크게 땅바닥이 저절로 둘러빠지고, 진흙 바닥에 많은 물이 깊지 않게 늘 괴어 있어 물 속 식물이 무성한 곳'이라고 정의하고 있다.[2]

영남대학교 근처 늪 모습

그런데, 우리들은 보통 늪이라고 하면 '발을 헛디디면 빠져 들어가는 위험한 물웅덩이'를 생각하는 것이 상식이다. '늪지대에 들어서고 말았다', '늪에 빠졌다'의 늪은 '궁지에 몰리거나 난관에 봉착한 경우'를 지칭한다. 이처럼 늪이란 말은 우리의 일상적 언어 습관에서 보면 긍정적인 면에서보다도 부정적인 면에서 자주 사용되고 있다. 나는 바로 이 늪을 나의 인문학함, 철학함의 문맥에서 다시 읽어내어 나의 글쓰기의 상징과 은유로서 특허하여 사용하고자 한다.

---

2 한글학회, 『우리말큰사전』1, (어문각, 1991), 885쪽.

나는 오래 전부터 '온몸으로 글쓰기', '심신일체적 글쓰기' 라고 하는, 삶의 세계 전체를 대상으로 하는 이른바 홀리스틱(holistic) 글쓰기의 이념을 전제한 '늪의 글쓰기'를 생각해 왔다. 어느 글에서 나는 "단선적 사고에서 전방위적全方位的 사고로', '따로 따로에서 공생共生과 온몸으로'를 주장할 때 우리는 지금 '늪'의 사고를 신중히 고려해볼 필요가 있을 것이다"[3]라고 밝힌 적이 있다. 그리고 또 이렇게 말한 적이 있다.

> 인문학자나 철학자들은 계몽이라는 오만한 허구의식에서 벗어나 오만잡것과의 섞임과 화해의 길을 모색해가야 한다. 화광동진和光同塵 혹은 화쟁和諍적인 어우러짐을 지향해야 한다. 나는 이것을 '늪'의 사고로 표현하고 싶다. 늪은 지구의 숨통(허파)으로 불리기도 하면서 부서져 가는 자연의 생태환경을 복원해주는 역할을 한다. 답답한 지구에 인간다운 삶의 공간을 만들어주는 늪. 그것은 문명의 주변 지대에 위치하면서 도시와 과학 기술, 자본주의가 쏟아내는 오만잡것들을 받아들여 정화하며, 지하-지상, 생물-무생물-동물, 자연-인간 등의 삶의 건강한 생태 공간을 만들어 가는 바로 그것[4]에서 사람의 무늬가 만드는 삶의 즐거움과 보람과 같은, 인문적 지성의 흔적을 발견할 수 있기 때문이다. 늪의 사고는 혼돈과 질서를 겸비한 삶의 방식을 말하며, 뒤에서 말할 사유 글쓰기 담론 생활하기라는 인문학하기, 철학하기의 새로운 틀과 일

3 최재목, 『시인이 된 철학자』, (청계, 2000), 111쪽. 내용을 약간 고쳤음.

4 이에 대해서는 최재목, 「體認之學의 현대적 가능성」, 『시인이 된 철학자』, (청계, 2000)를 참조 바람.

맥상통하는 점이 있다. 늪의 사고는 세속의 지평에서 세속에 동참 연대[親民]하여 함께 자신이 철학하고(eigenes Philosophieren), 자신이 사색해(eigenes Denken)가는 것을 의미한다. 한편으로 이것은 '자생하는 풀숲과 진흙의 발을 서로 딛고 오르내리는 물의 음계音階, 늪의 지성知性, 온몸을 부비며, 아름다운 화음和音으로 연대한 공생과 자치의 터'라는 시적 표현[5]도 가능하다. 어쩌면 진정한 인문학함의 사고는 이러한 시적詩的 생태적인 삶을 지향하는 열망 같은 것에서 싹터오는 것일지도 모른다. '우리는 사람, 동물, 식물만의 아픔뿐만 아니라 돌, 물, 그리고 모래알의 말 없는 아픔도 함께 느낄'[6]수 있듯이 늪도 그러한 자비심을 지니고 있다. 사람됨, 사람다움을 추구하는 노력에서 톱니화된 답답한 우리의 삶에 숨통을 틔워줄 것이다. 늪의 정신에서 나는 그것을 바라보고자 한다.[7]

나에게 글쓰기는 이미 그 자체로서 내 사색의 과정의 전면적인 드러냄이다. 이런 정직한 과정의 드러냄은 나 자신 속에서 느껴지고 일어나는 일을 있는 그대로 '관觀하고', '기술記述하는' 일이다. 이렇게 나를 있는 그대로 관하는 것, 기술하는 것은 내 심신의 상처와 고통을 하나하나 풀어헤쳐 그것을 끝까지 응시하면서 치유·극복하는 의학적인 측면을 갖는다. 그렇다면 늪의 글쓰기는 글을 쓰는 내가 곧 나 자신의 의사(healer)인 동시에 자신

---

5 최재목, 「體認之學의 현대적 가능성」, 『시인이 된 철학자』, (청계, 2000), 180~1쪽. 시 전체는 같은 책, 180쪽을 참조 바람.

6 박이문, 『慈悲의 倫理學』, (철학과 현실사, 1996), 2판, 214쪽.

7 최재목, 『시인이 된 철학자』, (청계, 2000), 143~4쪽.

의 삶과 세계를 바라보고 교정해주는 철학자(philosopher)라는 의미를 갖는다. 그래서 늪의 글쓰기는 '치유(therapy)로서의 글쓰기',[8] '철학으로서의 글쓰기'라는 말로 환치할 수 있다.

2. 늪 - 무기, 보르헤스의 미로와 백과사전, 법계도

위의 사전적 정의에서 밝힌 대로, 늪은 '저절로' 만들어진 것이면서 '물속 식물이 무성한 곳'이다. 일면 '나눔과 쪼갬의 장소'이기도 하면서 전체적으로 보면 '어울림과 더부살이의 공간'이다. 숱한 개체적, 자생적 생명체들의 공생처共生處이다. 이 공생처에는 나뉘고 쪼개져 있으면서도 본질적으로는 나눔과 쪼갬[二/分]이 없다[無二]. 그렇다고 해서 그것은 하나[一/合]만을 고집하는 것도 아니다[不守一].[9]

늪에는 분명 단순성과 복잡성, 자리自利와 이타利他, 오욕汚辱과 정화淨化, 예토穢土와 정토淨土가 공존해 있다. 이것을 화쟁和諍과 원융圓融의 상징체라 말해도 좋다. 더욱이 늪은 농촌적, 생태적 심성·상상력을 지님과 동시에 도시적 과학기술 문명적 잔해·잔여에 대한 포용력·자정력을 가졌다. 이것은 나의 '늪'이란 시詩에 잘 드러나 있다.[10]

온갖 잡것들과 함께 지낸다, 슬픔에서도 물러나 기쁨에서

---

8 이것은 『길은 가끔 산으로도 접어든다』, (포엠토피아, 2003)의 후기인 「수행석 글쓰기, 치유적 글쓰기 - '잡(雜)' 다시 읽기 -」에서 언급하였다.

9 최재목, 『시인이 된 철학자』, (청계, 2000), 111쪽 참조.

10 '늪'의 사색에 대한 詩的 표현의 일단은 최재목의 시 「거대한 노래」, 『나는 폐차가 되고 싶다』, (시와반시사, 1996), 14 ~ 15쪽을 참조 바람.

> 도 물러나, 늪은 노래한다, 이 기막히고도 알 수 없는 일들이 물밑에서 아니 물 위에서, 자라다 쓰러지고 쓰러지다 일어서서 노래하는 그곳, 일렁거리다, 인간도, 벌레도, 미래도, 희망도 저 속에 잠들 것이다, 상처투성이의 푸른 땅의 자궁, 개구리들의 母性이 보이고, 벌레들의 정액, 풀들의 교미가 보이고, 뼈와 흙과, 돌과 풀과, 사람과 함께 늪은 고뇌한다, 도시가 흘러 들어오고, 기술의 나사 튕겨 나오고 과학의 잔재들, 폐차들 쌓여 썩는다, 理性의 고름과 눈물, 퇴적한 인간들의 명패, 물은 온갖 쇠붙이에 달라붙어 살을 뜯어 먹는다, 지극히 합리적인 그대들의 시간들, 우둔하고 흐리게 잊혀진다. 온갖 잡것들, 진보한다 그리고 퇴보한다, 아니다 그런 것은 없다, 이것도 저것도, 저것도 이것도 아니다, 아닌 것도 아니다, 또 아니다, 아닐까, 그럴까 하면서, 드디어 늪은 맑은 노래 흘러 보낸다, 우 우우, 갈 숲의 건반을 두드리며 새들이 몰려올 때 낮아지거나 높아지거나 혹은 숨으면서 노래하는 늪, 풀들은 기억하고 있다 그 악보를, 자생하는 풀숲과 진흙의 발을 서로 딛고 오르내리는 물의 음계, 늪의 知性, 온몸을 부비며, 아름다운 和音으로 연대한 공생과 자치의 터

늪은 어느 한 부분만 떼어내 볼 수 없는 유기적이고 전우주적이며, 공생적, 자치적, 연대적인 생태공간이다. 한편으론 혼돈스럽고 또 한편으론 질서가 있는 곳. 화쟁和諍하면서 서로서로 걸림이 없는 사사무애事事無碍의 공간, 바로 그곳, 늪은 그야말로 '도시가 흘러 들어오고, 기술의 나사 튕겨 나오고 과학의 잔재들, 폐차들 쌓여 썩는다, 이성理性의 고름과 눈물, 퇴적한 인간들의 명패, 물은 온갖 쇠붙이에 달라붙어 살을 뜯어먹는다, 지극히

합리적인 그대들의 시간들, 우둔하고 흐리게 잊혀진다. 온갖 잡것들, 진보한다. 그리고 퇴보한다, 아니다 그런 것은 없다, 이것도 저것도, 저것도 이것도 아니다, 아닌 것도 아니다, 또 아니다, 아닐까, 그럴까 하면서, 드디어 늪은 맑은 노래 흘러 보'내는 곳이다.

늪은 '생성과 소멸[生滅]'을 거듭하고 있다. 하지만 그것은 줄거나 더하거나 하지 않는다[不增不減]. '있는 그대로[眞如]'일 뿐이다. 이것은 나의 시 「거대한 노래」[11] 일부에서도 비유적으로 잘 드러나 있다.

> 아파트를 나와 함창 부근 낙동강변 늪지대로 간다 여기저기 허리 굽혀 조개를 줍는다 손을 넣어 진흙을 긁어 대면 밤알만 하거나
> 손바닥만한 조개가 혀를 빼물고 수도 없이 잡혀 나온다
> 썩은 신발, 깡통이나 판자, 세월 지난 지갑들, 컴퓨터 디스켓, 여자 속옷도 나오는 늪지대엔
> 이념도 썩고 종교도 죽었다 새들이 찾아오고 조개를 쪼러 걸어가다 지쳐 발자욱도 남겨둔다
> (중략)
> 혼자 가기에는 어려운 길, 물어 물어 눈에 보이는 북망산천
> 사람들아, 위대한 세월은 없다 역사는 가진 자의 것도 가지지 않은 자의 것도 아니다 강가에서 보면 새가 남긴 발자욱, 그 뒤로 들리는 새 부리에 찢겨
> 살결 아파하다 말라죽는 조개들의 소리, 모래로 물 스미는 소리, 물에 물 다가드는 소리, 물에 흙 섞이고 흙에 물

11 최재목, 『나는 폐차가 되고 싶다』, (시와반시사, 1998), 14~15쪽.

섞이는 소리, 물 부딪히는 소리, 갈 숲 부딪히는 소리, 고기 튀어 오르다 허리 꺾이는 소리, 그러다 그러다가 비늘 떨어지는 소리,

거대한 노래가 되는 이곳 이곳은 아름다운 북망, 북망산 천이기를.

또한 늪은 침묵한다. 그러나 그 침묵은 바로 큰 웅변이자 음악이다. 늪의 음音, 즉 멜로디(melody)나 리듬(rhythm)은 하나하나의 단순한 소리[聲 = 단일음 = 단음]가 모여서 조화를 이룬 것이다. 그런데, 소리들이 모여 대음大音 즉 큰 음악으로서 조화를 이루었을 때 그 하나하나의 소리(개별자 = 개체의 소리)는 거의 들리지 않게 된다[大音希聲]. 늪의 음악은 바로 그런 것이다. 그래서 늪은 그 자체로 큰 음악이면서도 개별적인 것들의 소리는 침묵에 가깝게 조정되는 곳이다.

유럽 속담에 '웅변은 은이요, 침묵은 금이다(Speech is silver, silence is gold)'라는 말이 있듯이, 마치 비행기가 갑자기 고도를 낮추는 에어포켓(air pocket)처럼, 붓다도 때때로 침묵을 지켰다.[12] 말이 있다가 갑자기 멈추는 곳. 그 움푹 꺼지고 텅 빈 곳, 바로 그곳이 무언가를 말하고 있는 것이다. 보통 붓다가 침묵을 지킨 기존의 10가지 형이상학적 명제들을 요약하여 십무기十無記라고 한다. 무기(無記)란 '기술할 수도 설명할 수도 없는 것'을 말한다. 이것은 칸트(Kant Immanuel, 1724-1804)가 안티노미(antinomy, 二律背反)라고 부른 것과 동일한 성격의 것이다. 즉 하나의 사태에 대하여 상반되는 두 개의 판단이 동시에 성립할 때 그것은 우리

12 峰島旭雄, 『서양철학과 불교』, 김승철 옮김, (황금두뇌, 2000), 173쪽 참조.

의 지식의 대상이 될 수가 없다는 것이다. 붓다도 이러한 안티노미를 해결하는 것을 자신의 철학적 과제로 삼지 않았다.

그 자체로 웅변이면서도 침묵하는 공간인 늪. 바로 이 늪은 아르헨티나 출신의 세기적 작가 보르헤스(Borges, Jorge Luis, 1899-1986)의 작품에 나오는 「미로정원迷路庭園」[13]과 흡사하다. 문학평론가 이남호는 『보르헤스 만나러 가는 길』을 썼다. 이것은 보르헤스의 소설집 『픽션들』에 실린 8편의 단편을 번역하면서, 그 한편 한편에 대해서 저자의 해설을 붙인 책이다. 김호성은 『책 안의 불교 책 밖의 불교』라는 자신의 책 속의 「보르헤스 읽기, 의상스님 읽기」라는 글에서 "이남호 교수의 『보르헤스 만나러 가는 길』을 읽게 되었다. 문학평론가인 저자의 보르헤스 읽기를 다시 읽음으로써 나는 다소나마 보르헤스에 대한 이해를 얻게 되었으며, 아울러 깨닫게 되었다. 보르헤스 만나러 가는 길이 의상義相스님 만나러 가는 길이라는 것을"[14]이라고 말한다. 그리고 김호성은 또 이렇게 말한다.

> 보르헤스의 소설에는 미로이야기가 많이 나온다. 또 시를 통해서도 직접적으로 미로의 상상력을 내보이고 있다. 민용태 교수는 '미궁'의 1연을 이렇게 번역했다.[15] '결코 문은 없다. 너는 안에 있다/성곽은 우주를 포괄한다/안도 밖도 없다/겉의 벽도 은밀한 중앙도 없다/끈질기게 두 갈래로 갈라져 나가는/끈질기게 두 갈래로 갈라지는' 보르헤스는

---

13 이남호, 『보르헤스 만나러 가는 길』, (민음사, 1994), 245쪽.

14 김호성, 「보르헤스 읽기, 의상 스님 읽기」, 『책 안의 불교 책 밖의 불교』, (시공사, 1996), 111쪽.

15 민용태, 『로르까에서 네루다까지』, (창작과 비평사, 1995), 214쪽.

> 끈질기게 두 갈래로 갈라지는 미로를 만들고 있다. 단편 「미로정원」이 그것이다. …보르헤스의 미로는 '상징적 미궁' 이며, '우주의 그림'이다. 그는 그렇게 말하고 있다. 즉 미로(혹은 미궁)는 우주와 우리 삶의 은유이다. 뭐가 뭔지 모르는, 그러나 그 속에 질서를 숨기고 있는 세상(혹은 마음). 다만 보르헤스는 인간은 그 질서와 법칙을 알 수가 없다고 말한다. 여기서 나는 머리를 쳤다. 그렇다. 의상의 그림 그 자체-「법계도」라 부르기 이전에-는 미로가 아니고 무엇인가. 실제 불교를 모르는 사람에게 「법계도」를 보여주며 물었을 때, 나는 들을 수 있었다. "미로 아니에요?" 법계法界는 중생들의 삶의 세계로도 해석될 수 있고, 진리(깨침)의 세계로도 해석될 수 있다. 어느 쪽이 옳을까? 이 두 세계가 다르지 않다는 것이 정답이다. 즉 중생들의 삶의 세계 그 자체가 진리의 세계라는 것이 「화엄경」의 대답이다. 이를 의상은 54개의 굴곡을 가진 하나의 그림[法界圖]으로 나타냈던 것이다. 굴곡은 혼돈이고 우연이며, 굴곡을 그리면서도 끝내 이루는 하나의 선線은 질서이며 필연이다. 그러니까 보르헤스와 의상의 미로는 모두 우연 속의 필연, 혼돈 속의 질서를 표상하고 있는 것이다. …산다는 건 무엇일까? 미로를 헤매는 일[輪廻]이다. 그렇지만 한편으로 윤회의 여로는 또 길찾기[巡禮]가 아닌가. 성스러운 사람에 대한, 진리에 대한 순례인 것이다.[16]

그렇다. 이남호가 지적하고 있는 대로 '보르헤스가 발견한

16 김호성, 「보르헤스 읽기, 의상 스님 읽기」, 『책 안의 불교 책 밖의 불교』, (시공사, 1996), 113~5쪽.

세상은 혼돈이고 미궁이고 무한하게 보이지만, 거기에는 숨은 질서와 법칙이 있다. 인간은 그 질서와 법칙을 알 수가 없는 것'이다.[17] 보르헤스가 발견한 세상처럼 '늪'은 혼돈과 미궁이면서 또한 질서와 법칙을 숨기고 있다.

이러한 사실을 우리는 백과사전에서도 찾아볼 수 있다. 책장을 들어 본문을 펼치면 수많은 문자의 늪, 필요한 항목을 찾아서 읽어 들어가면 또다시 마주치는 개념들, 그 개념들을 찾아서 읽어가다 보면 또다시 마주치는 수많은 문자와 개념들, 이러한 개념과 개념을 '클릭', '클릭'하다가 보면 어느새 수많은 글자들이 이어주는 거대한 문자의 늪. 그 늪의 밑에는 미세하게 그려진, 언어로 수놓은 길과 길이 이어져 우주적 사고와 논리를 이룬다. 바로 혼돈처럼 보이는 곳에서 우주적 질서와 법칙이 숨어 있다. 송병선은 「보르헤스, 백과사전과 글쓰기」 부분에서 이렇게 말한다. 보르헤스가 『브리태니커 백과사전』을 좋아했다는 것은 익히 알려져 있는 사실이다. 그러나 그것이 그의 작품에 어떤 영향을 끼쳤는지는 그리 연구되지 않고 있다. 수차에 걸쳐 그는 어렸을 때 '무한한 영어 책들로 가득 찬' 아버지의 서재에 관해 언급한다. 그리고 가족이 유럽으로 여행을 가면서 아버지가 소장하고 있던 『브리태니커 백과사전』을 팔아버린 후, 보르헤스는 매일 밤 부에노스아이레스 국립도서관의 참고열람실로 가서 『브리태니커 백과사전』을 아무 곳이나 펼쳐 그의 관심을 끄는 글들을 읽곤 했다.[18] 그는 로널드 크라이스트에게 "그걸 읽곤 했지요. 그건 한편의 논문이기도 했고, 짧은 책이기도 했습니다"라고 고백한다. 그에게 『브리태니커 백과사전』은 단순한 백과사전이 아니었다. 그것

17 이남호, 『보르헤스 만나러 가는 길』, (민음사, 1994), 188쪽.

은 백과사전이라는 '알파벳의 무질서' 속에서 글쓰기/읽기라는 우주의 질서를 가르쳐주는 도구이기도 했다.[19]

그렇다. 백과사전의 편집 내용은 그냥 펼쳐보는 한 그 글쓰기는 '글자(알파벳 등등)의 무질서'일지도 모른다. 그러나 그 속에서 관련되는 항목을 차근차근 읽어가다 보면 백과사전은 우주의 질서를 가르쳐주게 된다. 따라서 백과사전은 '글쓰기/읽기라는 우주의 질서를 가르쳐주는 도구'가 된다. 마치 논두렁 밭두렁을 한 발자국 한 발자국 따라가다가 보면 너른 들판을 만나듯이 말이다. 이 '들판'은 바로 자신이 걸어가고 있는 '지금·여기'이다. '지금·여기'라는 들판 속에서 '길 찾기의 체험'을 통해 나는 주인공이 되고 있는 것이다. 들판에서 내가 밟은 논두렁 밭두렁 어느 한 곳이든 모두 시간과 공간이 수렴되어 있다. 바로 이러한 화엄적華嚴的인 체험은 바로 문자와 정보, 사고와 논리의 늪인 백과사전의 글쓰기/읽기라는 방식에서 가능하다.

백과사전이라는 언어와 개념의 '늪'은 언어 그 자체의 증감增減은 없다. 그러나 그러면서도 언어가 지칭하는 개념 내용들 사이의 생멸 즉 생성·소멸, 상쇄·상생이 공존하는 곳이다. '백과사

18 결혼에 실패하고 술과 담배도 못했던 보르헤스의 유일한 취미는 백과사전을 뒤적거리는 일이었다고 한다. 그는 집안의 유전병과 과도한 독서로 인하여 눈이 멀게 된다. 그러나 실명이 그의 육체적 눈을 가릴 수는 있었지만, 그의 심안(心眼)까지 가릴 수는 없었다. 비상한 기억력의 소유자였던 보르헤스는 자신을 모델로 단편 「기억왕 푸네스」를 썼다. 보르헤스는 이미 외워 버린 백과 사전과 많은 책들을 자신의 소우주 속에서 반추하고 또 반추했다. 그 결과 그는 독특한 관점을 지닌 심안을 얻게 되었고, 자신이 속한 시간과 공간을 꿰뚫어보게 되었다.(김홍곤 편역, 『보르헤스의 불교강의』, (여시아문, 1999), 14~15쪽 참조.)

19 송병선, 「보르헤스, 백과사전과 글쓰기」, 『보르헤스의 미로에 빠지기』, (책이 있는 마을, 2002), 77쪽.

전' 그리고 내가 글쓰기에서 사용하는 '늪'이란 말을 나는 신라의 고승 의상(義湘, 625-702)이 만든 『화엄일승법계도華嚴一乘法界圖』(이하 『법계도』 그림 1)에 비유하고자 한다. 의상의 『법계도』는 광대무변한 화엄사상華嚴思想의 요지를 7언 30구 210자의 게송偈頌으로 압축한 도인圖印이다(그림 2). 법法=진리의 세계를 도인 혹은 문양文樣으로 압축하여 표현하고 있다.[20] 『법계도』는 54각이 있는 도인에 합쳐서 만든 것으로 '가지가지의 꽃으로 장엄한 일승의 진리로운 세계의 모습'이라는 뜻을 담고 있다. 지극히 조직적인 법계도의 게송은 중앙에서 '법성원융무이상法性圓融無二相'의 '법'자로 시작해서 '구래부동명위불舊來不動名爲佛'처럼 '불佛'자로 끝맺고 있다. 『법계도』의 근본정신은 바로 『화엄경』의 근본정신이기도 하다. 의상은 『법계도』에서 이렇게 말하고 있다.

> 법성의 상은 무엇인가. 무분별로써 상을 삼는다. 그러므로 일체 평상의 도리가 중도에 그름도 없고 분별도 없다. 이러한 뜻이 있기 때문에 문장 첫 시[文首詩]가 '법성원융무이상法性圓融無二相(=법성은 원융하여 본래 두 모양이 없네)'이며, 끝이 '구래부동명위불舊來不動名爲佛(=예로부터(억만 겁 동안) 부동한 것 그 이름이 부처일세)'이다. 시詩에 의지한 까닭은 허망한데 나아가서(=허구에 입각해서) 실상을 나타내려는 것이다[所以依詩卽虛顯實]. 그러므로 「일승법계도」의 글자와 뜻을 보고 듣고 수집해서 이 선근

20 난 최근 '의상이 무엇에서 힌트를 얻어 이 『법계도』를 만들었을까?'라는 문제의식을 갖고 이를 증거할 다양한 문양과 자료를 찾고 있는 중이다. 다만 여기서 말해도 좋을 것은 『법계도』 자체가 이미 장르를 넘나드는 문양임에 틀림없다는 점이다.

> 공덕으로써 일체중생에게 회향하고 널리 중생계를 다하여 일시에 성불하기를 서원한다.[21]

『법계도』는 어쩌면 신화적인 상징으로서 뱀蛇 또는 용龍이 자기 꼬리를 물고 있는 모습으로 미분화未分化·전분별적前分別的·혼돈混沌의 상태를 말하는 '우로보로스'(Ouroboros)일지도 모른다. 제 꼬리를 물고 있는 글은 결국 모든 장르가 하나로 연결되어 있음의 비유처럼 보인다. 백과사전이 그렇다. 늪은 그 상징인지도 모른다.

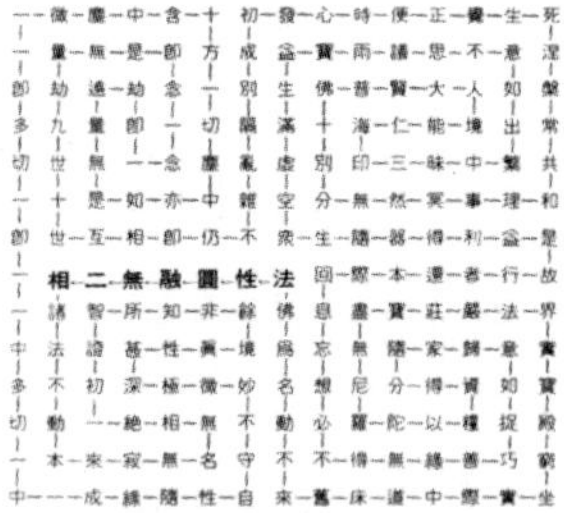

그림 1) 『화엄일승법계도』

* 가운데의 법성원융무이상法性圓融無二相에서 시작한다.(굵은 글씨부분) 7언 30구 210자로 되어 있다.

그림 2) 「법계도인法界圖印」

문자의 꼬리를 물고 있는 문자, 글에 서로 기대어 있는 글,

---

21 法性以何爲相, 以無分別爲相, 是故一切尋常在中道, 無非無分別, 以此義故, 文首詩, 法性圓融無二相, 乃至 舊來不動名爲佛, 所以依詩卽虛顯實, 故誓願見聞修集一乘法名字及義, 以斯善根廻施一切衆生, 普重修盡衆生界, 一時成佛, 法界圖章.(義湘, 「華嚴一乘法界圖」, 『韓國佛教全書』第二冊, (東國大學校 出版部, 1979年), 2~8쪽)

'의언진여依言眞如' 바로 그것이다. 그것은 분명히 법法과 불佛의 세계를 드러내고 있다. 법의 본래모습에는 분별이 있는 것이 아니다. 『법계도』가 '시詩'에 의지한 것은 '시라는 허구에 입각해서(즉 시에 기대서) 실상을 드러내고자 하는 것'이다. 그림 2에 주목해보자. 글자를 따라가지 않고는 처음부터 끝까지 한 바퀴를 돌 수가 없다. 말(문자)을 통하지 않고서 말 사이의 빈 전체 공간에 들어서거나 또는 다른 공간으로 넘어 들어설 수가 없다. 이 점에서 『법계도』는 미로를 닮았다. 예컨대 알제리 엘아스남 바실리카의 바닥 미로(그림 3)와 앞의 「법계도인」(그림 2)을 비교해보면 흡사함을 알 수 있다.[22]

이처럼 늪의 글쓰기는 문자에 즉卽해서(기대면서) 모든 장르들이 만나는 이른바 '의언진여依言眞如'의 글쓰기이다. 각 장르가 서로 만나는, 바로 그 하나 되는 세계는 말로 표현할 수 없는 초월적인 세계 즉 '이언진여離言眞如'이지만 이렇게 말로 표현할 수 없는 세계마저도 우리는 '말에 의해서(기대서) 말을 버리는[因言遣言]'[23] 노력으로 얻어진다는 사실을 잊어서는 안 된다. 한 장르가 다른 장르와 관계, 관련, 침투, 융합, 소통, 포괄, 포섭으로 융즉融卽하는 것은 결국 말에 의지한 것이다. 말을 벗어나서는 각 장르가 함께 만날 수 없다. 각 장르가 서로 만나기 위해서는 말을 통한 대화와 상호이해의 노력이 필수적으로 동반되어야 한다. 이것은 궁극적으로 단일한 사안, 사물에 불변하는 진리를 인정하고 그것의 독립적(고립적) 특성에만 집착하는 이른바 실체적

---

22 서양의 미로에 대한 논의는 진중권, 『놀이와 예술 그리고 상상력』, (휴머니스트, 2005), 297~313쪽을 참고하면 좋겠다.

23 元曉, 『大乘起信論別記』 2권 참조.

그림 3) 알제리 엘아스남 바실리카의 바닥 미로
(「법계도인」과 비교해 보면 흥미롭다)

글쓰기(이러한 글쓰기는 고정화된, 정형화된, 그래서 본질의, 불변적 정의定義를 지닌다)를 벗어나 인간의 모든 사고·행위의 복잡한 관계망 속에서 글을 쓰는 '관계적 글쓰기'를 지향한다. 이러한 무한한 관계망, 즉 연기성緣起性은 하나의 거대한 글쓰기의 세트, 사고와 언어 편집술의 모범을 보여준다. 이것을 나는 물적物的 글쓰기에 대해서 '사적事的 글쓰기'라 표현하고 싶다.

연기적 글쓰기는 『반야심경般若心經』의 '이 모든 법은 공상이다. 생겨남도 없고 없어짐도 없다. 더러움도 없고 깨끗함도 없다. 늘어남도 없고 줄어듦도 없다[是諸法空相, 不生不滅, 不垢不淨, 不增不滅]'는 것 바로 그런 실천이다. 또한 연기적 글쓰기는 『법성게』에서 말한 '하나 안에 일체요 많음 안에 하나이다. 하나가 곧 일체요 많음이 곧 하나이다. 한 티끌 속에 시방을 머금고, 일체의 티끌 속도 또한 이와 같다[一中一切多中一, 一卽一切多卽一, 一微塵中含十方, 一切塵中亦如是]'는 경지를 지향한다.

3. 불이의 글쓰기, 혹은 '즉'의 미학

온갖 더러운 것들을 받아들여 맑고 아름다운 것으로 만들어내는 늪. 그곳에는 혼돈[디오니소스성(Das Dionysische), 無, 虛]과 질서[아폴로성(Das Apollinische), 有, 實]가 공존하고, 죽음과 삶, 파괴와 생성이 공생한다.

그래서 늪은 하나이면서 둘이고, 또한 둘이면서 하나이다. 이것은 다른 말로 표현하면 '하나도 아니고[不一]' 또한 그렇다고 '둘도 아니다[不二]'. 하나도 아니고[不一]도 둘도 아닌, 불일·불이가 공존해 있는 바로 그 자리(장소)가 늪이다. 이二는 이분二分의 세계이다. 이에 대해 일一은 이분二分을 벗어나고 넘어선 것[탈(脫)/초(超)/월(越)]이고, 이분 이전(前, [논리적인 앞섬])의 것을 말한다. 즉 '탈(혹은 초/월)이분', '전이분前二分'의 세계이다. 이래서 늪은 하나도 아니고[不一] 둘도 아닌[不二] 그 양자의 '사이[間]' 혹은 '겹쳐 맞물림[際](이것을 겹맞물림이라 해둠)'으로 존재한다. 이 '사이'와 '겹맞물림'을 아우르는 말이 '즉卽'이다. 즉은 '융融'(혹은 '합合', '통通') 그리고 '상相' 등과 서로 잘 접합·연속되는 이른바 가족유사성(친화성)이 있는 말이다. 불일不一과 불이不二가 즉해 있는 그곳에서 사물은 제외, 제거, 배제, 탈락되지 않고 훌륭하게 수용, 포용된다.

<table>
<tr><th>二</th><th>而</th><th>一</th></tr>
<tr><td>선/악</td><td rowspan="6">사이(間)
卽
際</td><td>脫/前 선-악</td></tr>
<tr><td>긍정/부정</td><td>脫/前 긍정-부정</td></tr>
<tr><td>쾌락/고뇌
|
有</td><td>脫/前 쾌락-고뇌
|
無</td></tr>
<tr><td>질서</td><td>혼돈</td></tr>
<tr><td>아폴로성</td><td>디오니소스성</td></tr>
<tr><td colspan="3">늪</td></tr>
<tr><td colspan="3">↑↓</td></tr>
<tr><td colspan="3">글쓰기, 사유</td></tr>
</table>

이 점에서는 늪의 글쓰기는 '즉卽'의 글쓰기이기도 하다. 잠시 여기서 '즉'의 의미를 살펴보기로 하자.

일상생활에서 '즉卽' 자를 붙여서 쓰는 말이 많다. 즉, 즉응卽應, 즉흥卽興, 즉행卽行, 즉효卽效, 즉금卽今, 즉좌卽座, 즉사卽死, 즉사卽事, 즉일卽日, 즉시卽時, 즉세卽世, 즉석卽席, 즉답卽答, 즉물卽物, 즉야卽夜 등이 그것이다. 특히 불교에서는 예컨대 '색즉시공色卽是空', '공즉시색空卽是色', '상즉상입相卽相入', '즉신즉불卽身卽佛', '즉사즉리卽事卽理' 등의 구절과 같이 '즉卽' 자가 들어가는 경우가 허다하다. 그런데, 여기서 즉卽의 의미가 무엇인지를 캐물어 들어가면 대답이 그리 간단치 않다.

어느 글 가운데서 '현상이 바로 본질이다[卽事卽理]'라는 어느 스님이 쓴 것을 보자.

> 며칠 참회를 하고 대바구니에 국거리를 들고 수월문을 내려 지금 청화당채에 있던 방앗간으로 갔다. 돌아오는 길에 까만 판에 흰 글씨의 주련이 눈에 들어왔다. 여러 번 눈에 띄었을 텐데 그날 정말 처음 보는 것이었다. 왼쪽은 '청백가풍淸白家風', 오른쪽은 '즉사즉리卽事卽理'였다.
> …그러나 가끔 수월문을 오르내리면서 즉卽자에 대한 의심이 사라지지 않았다. 뜻이 '곧 즉'이라는 정도밖에 별로 아는 것이 없던 시절, 앞의 '즉卽'과 뒤의 '즉卽'자가 어떻게 다른가? 다른 이는 다 아는 것처럼 보이는데 나 혼자만 모르는 것 같아 묻기도 쑥스러웠다.
> 일본과 중국에 유학하면서 어록과 한역 불전 언어에 관심을 쏟게 되었다. 근래 10여 년 동안 특히 근대한어 연구는 유행을 이룰 정도이다. 그래서 '즉사즉리卽事卽理'의 앞의 즉卽자는 '강조'와 '그대로'의 의미를 가지고 있고, 뒤의 '즉

卽'자는 동일성을 나타낸다. 따라서 ①'강조'의 의미로 해석하면 '일(事, 현상)이야말로 이치(본질)이다'가 되며, ② '그대로'의 뜻으로 풀면 '일 그대로 이치이다'가 된다. 이렇게 '즉卽'의 의미가 뚜렷해지자 즉심즉불卽心卽佛, 즉심시불卽心是佛의 의심도 풀렸다. 분명치 못했던 이해가 20년이 지난 뒤에사 겨우 풀리게 되었다.[24]

이것은 '즉' 자에 대해서 고민을 하던 한 스님의 깨침이 담긴 글이다. 다시 말하면 <卽A卽B>의 경우, ①'A야말로 B이다'와 ②'A는 그대로(=곧) B이다'와 같이 앞의 즉 자는 '강조(~이야말로)'로, 뒤의 즉 자는 '그대로'의 두 뜻이 된다는 것이다. 그런데, 과연 즉 자에는 이 두 의미밖에는 없는 것일까? 아니 이 두 가지 뜻만으로 <卽A卽B>는 해결된 것일까?

예컨대 중국 심학 사상가 왕양명의 경우에 심즉리란 말 이외에도 '심즉성心卽性, 성즉리性卽理'[25]·'심즉도心卽道, 도즉천道卽天'[26]과 같이 성리학의 주요개념을 '즉'이란 글자를 매개로 연결시키고 있다. 그러면 위의 '심즉성, 성즉리'·'심즉도, 도즉천'에서처럼 '즉'은 그 전후의 개념을 어떤 의미와 차원에서 연결하고 있는 것일까?

참고로 최근 일본에서 간행된 『전역 한사해全譯 漢辭海』의 '즉'자 항목[27]의 <부사副詞> 부분에는 다음과 같이 되어 있다.

---

24 종묵, 「현상이 바로 본질이다(卽事卽理)」, 『海印』 통권254호, (해인사, 2003), 10쪽.

25 「傳習錄」 上.

26 「傳習錄」 上 (이것을 「心也性也天也一也」(「傳習錄」中)」이라고 표현한 곳도 있다).

27 佐藤進·濱口富士雄 編(戶川芳郎 監修), 『全譯 漢辭海』, (三省堂, 2000), 217쪽.

① 즉좌卽座에, 곧바로, 당장에(어떤 행위나 상태가 앞의 사태와 밀착하여 일어나는 것을 나타낸다.)
② 곧~이다(A는 B와 동등하다(equal)는 판단을 강조한다.)
③ 곧(어떤 조건하에서는 당연히 그렇게 되는 것을 나타낸다.)

이것을 좀 더 살펴보면 ①은 '즉석卽席'과 같은 말로 '그곳(장소)에서 바로', '바로 같은 때(시간)에'라는 뜻으로 A와 B가 시공간적으로 밀착하여 발생·진행·전개되는 것을 말한다. ②는 A는 B와 표면적·형식적으로는 서로 다른 것(행위·상태·사태 등)이나 본질 당위적으로 B로 이행된다는 것을 의미한다.

이러한 내용을 토대로 나는 <A는 B이다>라는 것을 나는 다음과 같이 정리할 수 있다고 본다.

① B는 다른 곳이 아니라 A에 수반되어 있음을 강조한다(A야말로 B이다): B는 A에 수반되어 발생함을 강조(A의 강조).
② A와 B는 동등하다는 것을 강조한다(A가 그대로(곧) B이다): A는 B와 동등함을 강조(A, B 동시 강조).
③ A는 B에 수반·종속되어 있음을 강조한다(A는 B에 즉해서(수반되어) 발생한다): A는 B에 수반되어 발생함을 강조(B의 강조).

4. 장르의 공생, 크로스오버, 삶의 논두렁, 밭두렁, 소아와 대아/공

늪의 글쓰기에서는 모든 장르들이 걸림 없이 만나 대화한다. 장르(genre)란 '공통의 특징을 지닌 사물의 무리'이다. 그래서 생물학상 용어로서는 종種 다음에 오는 '속屬'의 뜻이고 문학·예술 분야에서는 부문·양식·형型을 뜻한다. 각 장르는 인간의 삶을 엮어주는 논두렁 밭두렁이다. 이러한 논두렁 밭두렁이 엮어가는 길의 연기성緣起性 즉 상의상존성相依相存性이 삶의 '들판'에 균형감을 만들어낸다.

우리가 살아 있다는 것은 이미 모든 것과 관계하고 있다는 것이다. '부분적인' 글쓰기/읽기 또한 '모든' 글쓰기/읽기와 관계한다. '하나의' 장르는 '전체의' 장르와 관련하고, '전체의' 장르는 '하나의' 장르와 연관된다. 나는 앞서서 보르헤스의 백과사전적 글쓰기/읽기는 의상의 「법계도」에 다름 아닌 것으로 보았다.

글의 바다, 장르의 바다에서 하나의 글이 나왔다가 다시 그 바다로 돌아간다. 이러한 틀은 북송北宋의 기철학자氣哲學者 장횡거(張橫渠, 1020-1077)가 우주의 만유萬有는 기氣의 집산集散에 따라 생멸·변화하는 것이며 이 기의 본체는 태허太虛로서 태허가 곧 기라고 설명한 데 비길 수도 있다. 즉 그가 기가 모이면 사물이 되고 사물이 흩어지면 다시 태허(太虛, 기의 바다)로 돌아간다고 한 것은 장르간의 교차와 대화에도 응용이 가능하다. 결국 사물이라는 것은 영원히 존재하는 것이 아니라 그칠 줄 모르는 운동과 에너지의 율동 속에서 나타났다가 사라지는 동적이고 순간적인 것이다. 사물은 허虛의 순간적인 드러남인 것이다.[28] 이 세계는 시적詩的 상상력에 의해 접근 가능하다. 어느 한 장르라는 것은 '하나의 커다란 세계'에서 일탈·소외됨으로써 그 고유한 영역을 확보한다. 그러나 그것은 다시 '하나의 커다란 세계'와 호흡하는 형태로 존립하고 있다. 각 장르는 각각의 '아我'(=小我) 즉 선취(Vorhabe), 선견(Vorsicht), 선파악(Vorgriff)을 갖기 마련이다. 이것

---

28 프리초프 카프라, 『현대물리학과 동양사상』, 이성범·김용정 옮김, (범양사, 1995), 237쪽.

을 도시하면 다음과 같다.

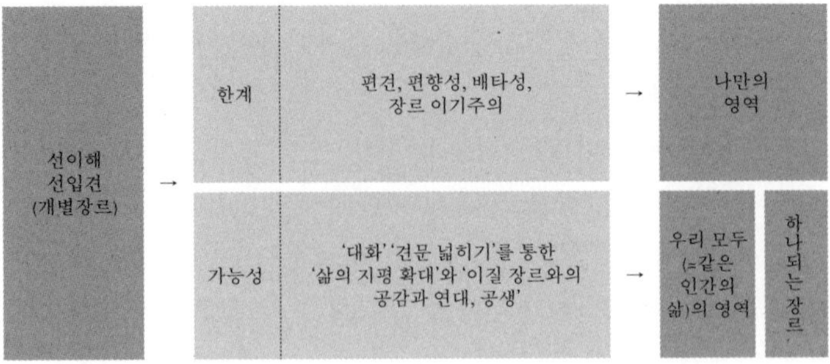

그래서 '분별'과 '담쌓기'가 생겨난다. 선취, 선견, 선파악은 각 장르가 안고 있는 업보이다. 그러나 아집, 집착은 타자와의 '만남을 위한 토대'이다. 이러한 아집, 집착에서 상호이해와 공존의 지평도 열린다. '번뇌가 곧 보리煩惱卽菩提'인 것이다. 번뇌가 없으면 보리도 없다. 번뇌를 토대로 보리의 지평도 열린다.

장르들의 자유로운 만남은 '아我'에서 '무아無我'를 지향함으로써 가능하다. '아에서 무아로'라는 자기 수행 없이는, 각각의 장르가 갖는 업보를 떨쳐냄 없이는 하나 되는 장르의 만남은 불가능하다. 그러나 실제 장르의 만남에서는 '아에서 무아로'라는 자기 수행은 자신의 고유한 장르의 특성 파기를 통해서 도달하는 것이 아니다. A는 A인 채로, B는 B인 채로 만날 수밖에 없다.

글쓰기(또는 읽기)에서 장르를 초월하고 학문의 경계를 넘어서고자 하는 나의 인문학의 방향과 전략은 바로 이 '크로스오버(crossover)'라는 용어를 통해서만이 잘 표현될 수 있다고 생각한다. 여기서 '크로스오버'란 다른 장르가 교차한다는 뜻의 음악 용어이다. 이것은 원래 클래식 주자들이 민요나 팝 음악을 노래하거나 연주하는 현상을 표현하는 용어였는데, 이후에 같은 대중음악 장르 간의 교차는 물론 음악 이외의 다른 영역에서까지도 폭넓게 차용되고 있다. 장르 간의 교차와 대화(크로스오버)는 글쓰기의 연기적 실상을 보여주며, 이 점에서 나의 늪의 글쓰기는 '공空'이라 할 수 있다.

어쨌든 장르 간의 교차와 대화를 통한 공생은 소아小我를 벗어나 대아大我를 구축해 가는 것이다. 이것을 그림으로 보여주면 다음과 같다.

<table>
<tr><th>自 장르</th><th>⇆
(크로스오버)
依言眞如</th><th>他 장르</th></tr>
<tr><td>무반성적 특정 영역
낯익은(친숙한) 습속,
풍경, 세계

我</td><td>空
↓</td><td>반성적 선택적 자각적 영역
낯선(이질적) 습속, 풍경, 세계

我</td></tr>
<tr><td colspan="3">大我</td></tr>
</table>

5. 장르 넘나들기에 대한 '우려', 미완과 시행착오로서의 '인문학의 길'

하나의 장르도 옳게 수행하지 못하면서 무슨 장르를 넘나드느냐? 전문성도 없으면서 무슨 학제적 학제간 운운하느냐? 분과학문의 성벽 허물기와 학제적인 것의 추구, 무슨 각종 통합이론 운운한들 실제로 재미를 보고, 실효를 거둔 적이 있느냐? 쓸데없는 짓거리로 멀쩡한 건물과 다리가 무너지듯이 '부실공사'를 하지 말고 "분과학문 극복과 학제성을 주장하기 전에 우리는 지금까지 분과학문이 자신의 성城 안을 풍요하게 하면서 성과를 쌓았는

지 살펴보아야 한다. '학문 간間' 연구를 하려면, 각 '학문'이 우선 내실 있게 존재해야 한다. 이에 전문성과 학제성의 문제가 부각한다"[29]는 말(비판/경고)에 우리는 일단 귀를 기울여야 한다.

실제로 나 자신도 앞의 비판에 대한 충분히 인식을 갖고 있다. 그래서, "어느 특정 시기에 적어도 어느 한 분야나 영역에 대해 체계적이며 집중적으로 배우도록 한 곳이 우리나라 대학의 '학과'였다. 이른바 '학부제'라는 것이 지금 이런 매력 있던 학과를 다 먹어 치우고는 있지만, 실제 학과의 이념조차 우리 사회에서 옳게 실현되었는지는 의문스럽다"[30]라고 지적한 적도 있다.

장르 넘나들기는 자칫하면 '빛 좋은 개살구'이거나 '꿸 수도 없는 구슬 서 말'이 될지도 모른다. 그러나 어느 '영역'(분과학문, 장르)이든 완전한 그래서 지선至善한 경지에 도달하기란 쉽지 않다. 그것은 어디까지나 목표이고 이상이지 현실이 아니다. 인문학은 불완전/미완인 채로 시행착오를 하면서 나아가는 것이다. '완전한 결과획득, 완벽한 목적달성 뒤에 다음 단계로'라는 슬로건이나 논리적 절차가 과연 인문학이라는 차원에서 얼마나 가능한 것일까? 인문 학술에 '최선最善'이란 없다. 우리에겐 언제나 차선次善만이 있다. 완성은 늘 또 다른 출발을 의미한다. 마치 『주역周易』에서 '어려운 일이 다 끝났음(모두 해결되었음)'이란 의미의 (63) 「기제괘既濟卦」 다음에 '하나도 해결된 것이 없음'이란 의미의 (64) 「미제괘未濟卦」가 오는 것과 같다. 시종始終[始 → 終]이 아니라 종시終始[終 → 始]이다. 장르 넘나들기는 정확히 말하면 '이론'으로서 존재해야 할 것이 아니라 '실천'적으로 표현되어야만

29 김용석, 「세로지르기 : '혼합의 시대'를 사는 지혜」, 『에머지』 2002년 10월호, (중앙일보, 2002)(http://emerge.joins.com/200110/200110_01.asp).

30 최재목, 『크로스오버 인문학』, (장승, 2003), 93쪽.

한다. 선언과 주장이 아니라 실천과 표현이어야 한다.

그렇다면 우리의 장르 넘나들기에 대한 '우려'는, 인문학은 결국 미완과 시행착오의 과정에서만이 존재한다는 말로써 위안을 삼을 수밖에 없을 것 같다. 인문학자 각자가 드러내 보이는 방안, 대안만이 인문학의 늘 새로운 시작인 셈이다.

1. 첨단의 편집술: 『법계도』 혹은 『선기도』의 발상법과 유비쿼터스

나는 앞선 글에 소개한 의상의 『법계도法界圖』에 대해서 이런 생각을 했다. 의상은 왜 하필 그런 형식의 그림[圖]을 고안해냈을까? 나는 그 그림의 근본 '발상법'에 주목하고, 중국의 각종 문양에 눈을 돌리거나 연구서를 통해서 그 근거를 지금까지 추적해 오고 있다. 그러나 화엄일승법계도의 저술 경위와 관련된 글을 읽어봐도 문양 그 자체에 대한 구체적인 지식은 얻지 못하고 있다.[1]

---

1 『법계도』에 대해서는 여러 설이 있다. 그 가운데 『法界圖記叢髓錄』上·1(韓佛6, 771上)에 근거한 하나의 설은, '義湘의 스승 지엄(智儼)이 73印을 짓고는 그것을 하나의 인으로 나타 내고자 하니 의상이 스스로의 뜻을 깊이 헤아려 하나의 根本印을 지었다'는 것이다. [全海住, 『義湘華嚴思想史硏究』, (민족사, 1994), 116~7쪽. 이외에도 김상현, 『신라화엄사상사연구』, (민족사, 1989)와 김복순, 『신라화엄종연구』, (민족사, 1990)을 참조].

어쨌든 의상의 스승 지엄이 가지고 있었다고 하는 도상의 존재, 그리고 그 당시 중국에 유포 되어 있던 『법계도』와 유사한 도상들을 일일이 조사할 필요가 있을 것 같다.

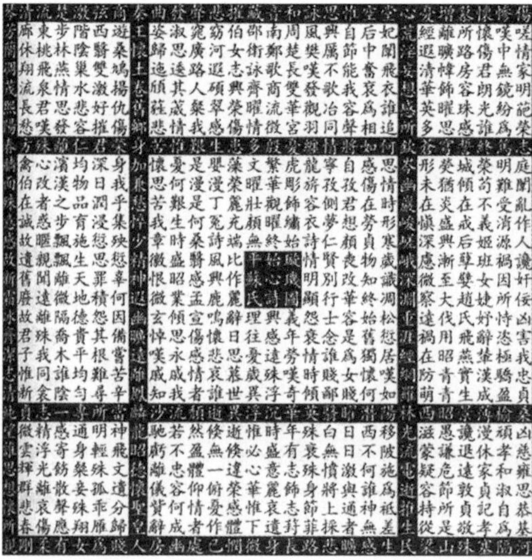

그림 4) 『선기도』

이런 가운데 나는 우연히 『선기도璇璣圖』(그림 4)를 알게 되었고, 그것이 『법계도』와 무언가 좀 통하는 것이 있다는 생각을 하게 되었다.

『선기도』는 남북조 시대 전진前秦의 소약란蘇若蘭이 유배를 간 남편 두도竇滔를 그리워하며 오색실로 수놓아 만든 841자로 된 시이다. 그런데 이것은 돌려가며 읽을 수도 있고, 하나씩 건너 뛰어 읽어도 시어가 연결되어 읽어 낼 수 있는 시는 전체 7,958수이다.

『선기도』는 『직금회문織錦回文』이라고도 부른다. 회문回文이란 한시체의 하나로서 위아래 어느 방향으로 읽어도 뜻이 통하는 글의 한 형식이다.

이것은 마치 최근에 대학이나 사회에서 흔히 사용되는 '사용자가 시간과 장소에 구애받지 않고 자유롭게 네트워크에 접속하는 것'의 뜻인 '유비쿼터스(Ubiquitous)'와 흡사하다. 유비쿼터스란 라틴어 '어디든지', '도처에(everywhere)'라는 뜻의 '유비퀴(ubique)'에서 유래한 용어로서 '어디서나(everywhere) 존재한다'는 의미이다. 물리 공간을 지능화하는 '유비쿼터스 컴퓨팅(Ubiquitous Computing)', 물리공간에 펼쳐진 각종 사물을 네트워크로 연결하는 '유비쿼터스 네트워크(Ubiquitous Network)'의 발상법은『법계도法界圖』혹은『선기도璇璣圖』에서 읽어 낼 수 있다.

따라서 나는『법계도』나『선기도』야말로, 그 편집 경위는 정확히 알 수 없지만, 현대에도 빛나는 '멋진' 아니 대단히 '첨단적인' 것이라 생각한다.

2. 삶은 '앎'의 바다

삶은 앎이다. 삶은 어떤 종류이든 앎[知]으로 점철되어 있다. 앎이 없는 삶은 없다. 철학이든 과학이든 종교든 신화든 문학이든 결국은 앎과 관련되어 있다.

인도에서 가장 오래된 신화적 제식문학祭式文學의 집대성인 베다(Veda)도 '알다'란 의미의 어근인 비드(vid)에서 유래한 것이다. 그래서 베다는 '지식' 또는 '종교적 지식'을 의미한다. 그리고 우리가 과학으로 번역하는 사이언스(science)도 라틴어의 '앎, 일반'을 의미하는 스키엔티아(scientia)에서 유래한 것이다. '물건을 헤아리거나 측정하는 것에서 시작되는 수數·양量에 관한 학문'인 수학은 영어로 매쓰매틱스(mathematics)인데, 이 말은 '배워 익힌 지식'을 의미하는 라틴어의 마테마타(mathemata)를 의미한다.

철학哲學을 뜻하는 그리스어의 필로소피아(philosophia)도 진정한 앎에 대한 것이다. 이것은 소피스트(Sophist) ('현인賢人' 또는 '지자知者'를 의미하는, 희랍의 BC 5세기~BC 4세기에 걸쳐 그리스에서 활약한 지식인들의 호칭)의 앎에 대항하여 나온 것이다. 소피스트의 그룹의 형성 속에서 올바른 앎을 추구하는 철학자가 바로 소크라테스(Socrates), 플라톤(Platon), 아리스토텔레스(Aristoteles)였다.

그리고 석가 당시 인도 지방에서 가장 세력이 컸던 6인의 철학자·종교가의 유파인 육사외도(六師外道, Sad-darama)도 고대 인도 사회의 새로운 지식인 그룹이다. 즉 새로운 앎에 대해 추구하던 사람들이다.

중국 전국시대(BC 5세기~BC 3세기)에 활약한 학자와 학파의 총칭인, '여러諸', '선생子'과 '수많은百', '(파벌화된) 학단家'의 뜻인 제자백가諸子百家도 많은 자유로운 지식인 그룹을 말한다.

그뿐인가. 우리나라의 경우, 퇴계, 율곡과 같은 훌륭한 지식인도 조선 중기의 사회와 정치를 주도한 세력을 가리키는 사림士林들, 즉 유교적 앎을 수용한 뒤 200~300년간의 르네상스기를 거친 뒤에 나온 사람들이다. 이처럼 삶의 역사는 결국 앎의 역사이며, 앎의 분절화分節化의 역사이다.

삶은 앎의 역사이고, 앎은 삶의 도처에 깔려 있다. 임자를 제대로 만나면 그것이 구체적 시공간 속에서 꿰여서(=편집되어) 새롭게 영유(領有, appropriation)되어 참신한 새로운 의미를 가진다. 앎이 편집의 과정을 거쳐 영유-재영유되는 것은 시간적 '이력' 공간적 '위치'를 갖고 그 좌표에 속한 인간들의 앎을 새롭게 구성, 조정하여 삶을 이끌어간다. 새로운 인문학, 관념, 사상과 철학의 탄생도 처음엔 이처럼 창의적으로 '앎을 꿰는(편집하는)' 개인의 혹은 공동의 지극히 작은 조용한 한 걸음에서 출발한다.

3. '개념'을 잡는다는 것

최근 많은 것들이 흐르는 강물처럼, 시간적으로 '바뀌고' 공간적으로 '달라지고' 있다. 만물은 시시각각, 도처에서 이러한 시간적인 이력과 공간적인 위치의 '흔적'을 갖는다. 바뀐 것[=變]은 이미 달라져[=化] 있다. 하지만 이런 '변'·'화'하는 현실마저도 우리는 항상된 하나의 틀[=常道] 속에서 일관되게 이해하려고 한다.

이러한 장치 중의 하나가 바로 명확한 '개념규정'이다. 개념은 사물을 찾고, 다가가서, 그것을 이해하는 명확한 좌표이자 기준이다. 어떤 학문이건 그것이 목표로 하는 어떤 대상이 있다. 이 대상에 대한 분명한 앎을 얻는 것이 학문의 목표이다. 학문적 앎은 일단 '개념'의 이해에서 출발한다. 개념이 없거나 '개념이 잡혀 있지 않으면 무엇 하나 제대로 파악할 수 없다.

이처럼 우리가 다양한 분야나 영역에서 혹은 사회적으로 '개념을 잡고', '개념이 잡히는 것'은 바로 앎의 조직화, 논리화이며, 이 일련의 과정이 모두 어떤 '편집'술에 의해 이루어진다.

4. 늪의 편집 전략 - '주제'에서 '방법'으로

우리 속담에 '구슬이 서 말이라도 꿰어야 보배다'라는 말이 있다. 사실 지금까지는 '구슬 서 말'을 마련하는 데 급했고 '꿰는 일'이 그다음의 일, 주변적인 일로 소홀히 다루어졌다. 물론 선후를 따진다면 꿰기 전에 꿰어야 할 '그 무엇'이 있어야만 하기에 그것은 당연한 일이었는지도 모른다. 아무것도 없는데 뭘 꿴단 말인가?

그런데, 인류의 역사, 지성사에서 본다면 구슬의 부족은 없었다. 도처에 구슬은 쌓여 있었다. 하잘 것 없는 것, 잡된 것들 속에도 진리가 있다. 매일 눈앞에 접하고 있는 하잘 것 없는 것도 값진 보석일 수 있다. 의상의 『법계도』에 있듯이, '티끌 하나 속에도 우주가 들어 있다[一微塵中含十方]'. 다시 말해서 하나의 털구멍에 무수한 불국토가 아름답게 장식되어 영원히 존재하고, 하나의 미립자 속에 일체의 미립자와 같은 수의 작은 국토가 모두 들어있다[2]는 말이다. 그러니, 눈앞의 손닿는 것, 발밑의 밟히는 것 모두가 보석이고 보배이다. 단지 그것을 깨닫지 못할 뿐이다.

그렇다. 우리에게는 쌓여 있는 구슬들을 어떻게 꿰는가 하는 방법론의 빈곤이 있어 왔다. 도처에 쌓여 있는 구슬은 어떻게 꿰는가에 따라 전혀 새롭게 보일 수 있다. 말을 바꾸면 '구슬 서 말'은 '정보'에, '꿰어야 보배다'는 '방법' 즉 '편집술'에 해당한다. 주제는 '이는 기의 조리이고, 기는 이의 운용이다[理者氣之條理, 氣者理之運用]'[3]라고 하듯이, 정보의 편집에 의해 생성된 주제는 정보 편집의 조리條理일 뿐이며, 편집된 정보는 주제의 운용運用 즉 현실적 실현이다.

이제 고정된 '주제'에만 머물 수만은 없다. '방법'의 시대를 열어가야 한다. 주어진 정보는 편집술에 의해 새로운 주제로 재생될 수가 있다. 주어진 정보는 순환(회전), 재결합, 재생되어야 한다. 고여 있으면 낡고 저절로 썩어간다. 나는 '구슬 서 말'을 기정의 고정된 주제에만 맞추려고 하는 주제의 시대를 '부계적父系的 사유'의 시대라 부르고, '구슬 서 말'을 '꿰어서 보배로 만드는' 이른바 방법의 시대를 '모계적母系的 사유'의 시대라 부르고 싶다.

『장자莊子』「도척편盜跖篇」에서는 '신농神農의 세상에는 누우면 편안하고 일어나면 흐뭇했다. 백성들은 그 어미는 알지만 그 아비는 알지 못했고, 고라니나 사슴의 무리들과 함께 살며, 밭갈이하여서 먹고, 베를 짜서 입고, 서로 해칠 마음이 없었다. 이것이 도덕이 가장 융성했던 시대이다'[4]라고 했다. '그 어미는 알지만 그 아비는 알지 못한다'는 것은 중국 고대의 모계사회나 군혼群婚

---

2 『화엄경』, 「노사나불품」 참조.

3 王守仁, 『傳習錄』 卷中. 「答陸原靜書」

의 풍습을 반영한 것[4]으로 부계적 관점에서 본다면 인륜을 어지럽히는[亂倫] 일처럼 보이기도 한다. 이것은 사회윤리나 전통적 질서유지라는 면에서 보면 당연히 무정부주의적, 반사회적인 것으로 오해될 수도 있다.

그런데, 나는 지금 이 문제를 다른 문맥에서 읽고 적용하고 있음을 알아야 한다. 부계에서 모계로의 전환은 결국 정보의 '편집'에 관련한 문제에 한정된다. 고정된 주제의 위계(또는 순수 계통이나 일정 체계)만을 고집할 것인가 아니면 정보의 평등한 관점의 순환(회전), 재결합, 재생을 통한 무수한 새로운 영역의 개척을 시도해갈 것인가를 두고 하는 말이다.

주제중심, 즉 부계적 사유에서는 개인이나 영웅 중심의 이른바 순계 혈통의 위계에 기초한 족보族譜적 논의나 관심이 주가 되기 쉽다. 방법중심, 즉 모계적 사유에서는 범凡/속俗/잡雜과 성聖/진眞/순純을 불이不二로 하는, 양자 평등의 결합과 재생, 순환이 주가 된다.

잠깐 앞서서 말한 '편집'에 대해 좀더 이야기해두자. '편집(編集, edit)'이란 캡터(capta)를 취급하는 기본 기법을 말한다. 캡터란 여러 가지로 해석될 수 있는(다양한 해석을 동반하는) 정보단위이다. 캡터라는 정보단위는 편집이라는 기법(방법)에 의해 '지知'로 바뀐다.[5] '구슬 서 말'의 정보는 '꿴다'는 작업에 의해 '지知'의 지도를 만들어낸다. 사실 편집이란 대단히 넓게 사용된다. 한자로 풀어보면 '편編'은 '짜다(compile, edit)', '집集'은 '모으다(collect)'

4 神農之世, 臥則居居, 起則于于, 民知其母, 不知其父, 與棹鹿共處, 耕而食, 織而衣, 無有相害之心, 此至德之隆也

5 마쓰오카 세이고(松岡正剛), 『지의 편집 공학』, 박광순 옮김, (넥서스, 2000), 167쪽 및 松岡正剛, 『知 編集術』, (講談社, 2000), 164쪽을 참조.

라는 뜻으로, 편과 집을 합하면 '짜 모으다'라는 말이 된다. 짜 모은다는 것은 지知 즉 문화와 문맥을 결합, 연결시킨다는 것이다. 그래서 편집은 의미의 동향動向을 매개로 하기 때문에 상당히 다이내믹한 방법이다.[6]

편집의 작업은 순純·잡雜의 무수한 어울림을 통해서 이루어진다. 이것을 상호편집성(相互編集性, mutual editing: 스스로 게임 속에 들어서서 마침 거기에 있는 멤버와 함께 무언가를 상황에 응해서 상호편집해 가는 것)이라 부를 수 있다. 상호편집성은 '자기편집성(自己編集性, self editing: 스스로 게임 속에 들어서서 거기 있는 요소·기능·조건을 살려가면서 혼자 편집해 가는 것)과 함께 편집의 주요 특성이기도 하다.[7] 특히 상호편집성은 상즉상입의 사사무애적 편집성이라고 한다면 자기편집성은 그 단계로 나아가기 전의 편집단계이다. 내가 이 글에서 말하고자 하는 사적事的 글쓰기, 연기적緣起的 글쓰기는 바로 상호편집성 즉 상즉상입相卽相入의 편집성에 기반한 것이다. 말을 좀 덧붙인다면 이것은 게릴라적 글쓰기나 편집의 전략이다.

5. 인문학의 창의성은 '편집술'에서 나온다

티베트 불교미술을 대표하는 '만다라MANDALA'는 산스크리트어로 'MANDA(본질)'라는 어간語幹과 'LA(소유, 성취)'라는 접미사로 이루어진 말이다. 하지만 나는 그것을 볼 때마다 그 어의語義에서보다는 정보의 탁월한 편집, 편집의 창의적 발상에 감탄한다. 불상, 동그라미, 삼각형, 사각형 등 수많은 도상들을 접

---

6 마쓰오카 세이고(松岡正剛), 『지의 편집 공학』, 167쪽

7 松岡正剛, 『知 編集術』, 60쪽 참조.

합시켜 균형감 있게 배치하여 경이로움을 자아내어 종교심으로 인도하는 그것에는 그때까지 있어 온 엄청난 이론과 정보가 함축되어 있다.(그림 5)

그림 5) 티베트의 석가 「만다라」

조선시대의 대표적 유학자인 퇴계退溪 이황(李滉, 1501-1570)의 많은 저작 중에 가장 탁월한 작품으로 평가받는 『성학십도聖學十圖』(그림 6)는 ①「태극도太極圖」 ②「서명도西銘圖」 ③「소학도小學圖」 ④「대학도大學圖」 ⑤「백록동규도白鹿洞規圖」 ⑥「심통성정도心統性情圖」 ⑦「인설도仁說圖」 ⑧「심학도心學圖」 ⑨「경재잠도敬齋箴圖」 ⑩「숙흥야매잠도夙興夜寐箴圖」의 10가지의 도를 편집한 작품이다. 이 가운데 퇴계가 직접 만든 ③「소학도小學圖」 ⑤「백록동규도白鹿洞規圖」 ⑥「심통성정도心統性情圖」중의 일부(중도, 하도)가 있지만 이것도 사실은 모두 타인의 저작에 근거한 것이다. 따라서 퇴계의 『성학십도』는 그의 순수한 저작이 아니라 그때까지 있어온 타인의 저작을 창의적 발상에 의해 '열 가지'로 훌륭하게 '편집'해 놓은 것이다. 나는 『성학십도』를 보면서 항상 그 각각의 내용에서보다도 정보와 지知의 탁월한 편집 혹은 그 창의적 선별과 배열의 발상에 감탄한다.

그리고 선禪 수행의 입문 과정에서 '각覺'의 경지에 이르기까지를 열 단계, 즉 ①「심우尋牛」 ②「견적見跡」 ③「견우見牛」 ④「득우得牛」 ⑤「목우牧牛」 ⑥「기우귀가騎牛歸家」 ⑦「망우존인忘牛存人」 ⑧「인우구망人牛俱忘」 ⑨「반본환원返本還源」 ⑩「입전수수入廛垂手」로 나누어 비유 설명한 『십우도十牛圖』 (또는 『심우도(尋牛圖)』) (그림 7)도 마찬가지이다.

아니 그뿐이 아니다. 『주역周易』에도 이러한 생각을 다 같이 적용할 수가 있다. 『주역周易』에서 '어려운 일이 다 끝났음(모두 해결되었음)'이란 의미의 (63)기제괘旣濟卦 다음에 '하나도 해결된 것이 없음'이란 의미의 (64)미제괘未濟卦가 오는 것은 시종始終 [始→終]이 아니라 종시終始 [終→始]이며, 끝은 늘 새로운 시작임을 의미하는 중국인의 지혜와 철학을 편집해둔 것이다. 어쨌든 주역의 64괘 또한 정보의 창의적이고 탁월한 편집술에 해당한다. 편집에 의해 새로운 지知가 창조되어 나온 것이다.

나아가서 중국 고대적 사유 속의 순환과 재생의 지혜와 철학을 잘 편집한 것으로 '육십갑자六十甲子'(육십간지六十干支·육갑六甲이라고도 함)를 들 수 있다. 중국 고대 이래 현재까지 수천년 지속되는 정보, 지知의 창의적 편집의 하나인 '육십갑자'란 10간

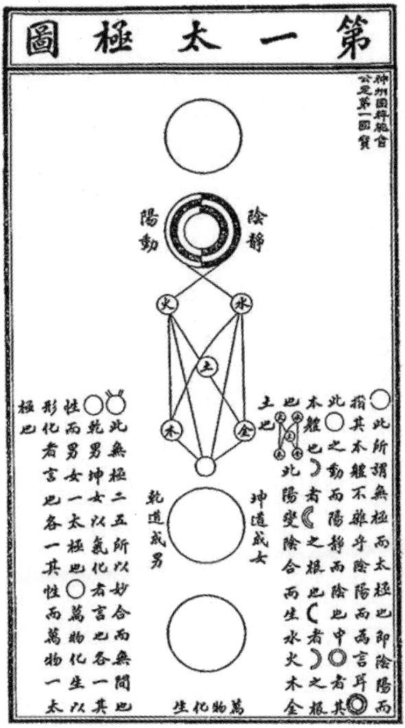

그림 6) 『성학십도』 중 제1도 「태극도」

그림 7) 『십우도』 중 제9도 「반본환원도」

干과 12지支를 결합하여 만든 60개의 간지干支를 말한다. 10간(갑甲·을乙·병丙·정丁·무戊·기己·경庚·신辛·임壬·계癸)은 천간天干이라고도 하며, 12지(자子·축丑·인寅·묘卯·진辰·사巳·오午·미未·신申·유酉·술戌·해亥)는 지지地支라고도 한다. 이 둘을 결합해 가면 마지막 60개의 간지를 얻은 후에는 다시 갑자로 되돌아온다. 보통 태어난 간지의 해가 다시 돌아왔음 뜻하는 61세가 되는 생일 즉 환갑還甲(회갑回甲 등으로도 부름)이라는 풍습도 결국 순환과 재생이라는 동양적 전통에 기초한다. 특히 육십갑자 중의 육십 번째의 계해癸亥는 각각 십간 최후의 '계'와 십이지 최후의 '해'가 결합한 것이다. 그런데 '계' 자에는 순환의 뜻이 들어 있다. 그리고 '해' 자에는 재생(역易의 곤坤에 해당하며 지력地力으로 만물을 낳는 것)의 뜻이 들어있다.

이렇게 보면 '계해'는 회전과 재생의 의미를 단적으로 보여준다. 간지는 중국에서 문자 성립 이전에 어떤 부호로 통용되던 순환서수사循環序數詞였다. 다시 말해서 간지는 고대 중국인의 예지가 낳은, '0零'의 발견 이전의 무한히 계속되는 순환 서수사로서 한자漢字 발생 이후에 현행의 글자로 가차假借된 것으로 보여진다. 현행의 동물로 배당된 '띠'는 하나의 가설이며 그것이 오랜 역사 속에서 신앙화된 것이다.[8] 어쨌든 간지의 발상법 또한 정보의 탁월한 편집에서 지知를 창출해내어 동양인들의 사랑을 받아오고 있는 것이 아닌가.

이처럼 편집술은 인간의 삶을 인도하기도 하고 변형하기도 하며 또한 적지 않은 상상력을 제공하는 지도의 역할을 한다. 불상이 그렇고, 경전이 그렇고, 사찰의 양식이 그렇듯, 인간의 역사 속에서 정보와 지의 편집의 예는 한 두가지가 아니다.

---

8 최재목, 「동양철학자의 '甲申年' 풀이」, 『교수신문』(2004년 1월 1일자) 참조.

결국 위대한 인문학적 발상의 태동과 전개는 인간의 지적, 감성적 창의력에 의해 주어진 정보의 편집술의 여부에 기인한다. 그리고 그 편집술은 무수한 정보, 정보의 편집에 따른 무수한 지知, 그 지와 또 다른 지와의 연쇄=상의상존相依相存이라는 우리 삶의 실상을 여실하게 보여주는 것일 수밖에 없다.

6. 순·잡의 무애, 사사무애의 기법

중국에서 화엄종華嚴宗을 대성한 현수대사賢首大師 법장(法藏, 643-712)은 중국 유일의 여황제인 측천무후(則天武后, 624-705)의 초청을 받아 장생전長生殿에서 『화엄경』의 현묘한 가르침을 구체적 예를 들어가면서 알기 쉽게 설명한 것으로 잘 알려져 있다. 다시 말하면 그는, 세상의 모든 존재는 여섯 가지 상相(육상六相) 즉 총상總相·별상別相·동상同相·이상異相·성상成相·괴상壞相을 갖추고 있으며 '전체와 부분', '부분과 부분'이 서로 원만하게 융화되어 있다는 육상원융六相圓融의 이치를 금사자金師子에 비유하며 설명하였다.[9] 또한 겹치고 겹쳐서 다함이 없다는 '중중무진重重無盡'의 이치를 설명할 때도 법장은 이해력이 낮은 사람들에게 그것을 쉽게 설명하고자 10면의 거울을 팔방과 위·아래에 서로 마주 보도록 설치하고서 중앙에 불상을 안치하고 그 뒤에 촛불을 놓았다. 그러자 빛과 그림자가 서로를 비추어 중중무진重重無盡이 되었다.

여기에는 우리 인문학이 걸어가야 할 시사점이 많다. 추상을 구상화하고, 머리 속에 있는 것을 눈으로 확인시켜주는 능력, 다시 말해서 추상화/내면화된 개인의 생각/정보를 시청각화(구체화) 하여 공동체 속으로 이끌어내는 능력을 말한다. 이것은 나

---

9 이에 대해서는 『大方廣佛華嚴經』, 「金師子章」 제1권 (『대장경』제45권) 참조.

의 늪의 글쓰기에서는 주장되는 순純·잡雜의 무수한 어울림, 사사무애事事無碍의 크로스오버적 기법이 중심이 된다.

얼마 전 나는 이에 대해서 이렇게 글쓰기에 대한 나의 입장을 피력한 적이 있다.

> 순과 잡의 구별, 진과 속의 구별, 그래서 순과 진의 편식, 잡과 속의 차별이라는 '눈'은 우리를 지적인, 문화적인 편식증에 빠뜨리고 만다. 순수 우월주의, 정통 지상주의는 한편으로는 요즘 논의되곤 하는 서울 중심주의(중앙 중심주의)와 무관하지 않다고 본다. 우리들 마음속에서 벌어지고 있는 순과 잡의 싸움, 잡과 잡된 것들에서 순과 진의 집요한 '구출'노력이 사라지지 않는 한, 잡과의 공생, 화해는 이루어지지 않는다. 우리들 정신의 편식증 혹은 순종주의, 혈통주의가 스스로의 삶을 철저히 왜곡해 가고 있는 것이다. 사고의 균형을 찾는 것, 오만잡것들과의 공생과 화해를 지향해 가는 것은 우리 삶의 진정한 의미(목적, 가치)를 원상 복귀시켜 가는 것이다. 이렇게 '잡(속) 순(진)'의 무한 순환적인 느끼기, 생각하기, 말하기, 그리기, 일하기, 글쓰기를 나는 포괄적으로 '늪'이라는 상징을 빌어 와서 '늪의 글쓰기'로 규정한다.[10]

10 최재목, 「수행적 글쓰기, 치유적 글쓰기」, 『크로스오버 인문학』, (장승, 2003), 275쪽. (이에 대해서는 이미, 최재목, 「폐차와 늪, 쓸모 있는 것들의 무덤 속에서 희망 캐기」, 『빔』(창간준비호), (빔, 2000. 4), 32쪽과 최재목, 「인문학의 위기에 대한 철학적 성찰」, 『시인이 된 철학자』, (청계, 2000)에서 논의한 적이 있다)

「십현문十玄門」[11]의 제5 「제장순잡구덕문諸藏純雜具德門」에서 말하듯이 일법一法은 제법諸法을, 제법은 일법을 서로 거두어 갖추고 있다[諸藏]. 예컨대 금사자金師子의 눈[眼](=일법/一)을 가지고 사자(일체/多)를 받아들이면(이해하면) 사자 전체(=多)가 순전히 눈(=一)에 들어오고, 귀[耳]를 가지고 사자(일체/多)를 받아들이면(이해하면) 사자 전체가 순전히 귀에 들어온다.

이 경우 일체의 제법諸法을 들어서 일법一法을 말하게 된 것을 '순純'이라 하고, 일법에 일체를 갖추었다는 것을 '잡雜'이라고 한다.[12] 이것을 글쓰기에 적용하여 설명하면 '순'은 하나의 글쓰기를 들어서 글쓰기 전체를 말하는 것이고, '잡'은 하나의 글쓰기에 모든 글쓰기가 들어있다고 말하는 것이다.

일행一行(하나의 행위)을 예로 해서 만행萬行(만가지 행위)을 말하는 것, 즉 일행에는 만행이 들어 있다는 것은 순純·잡雜 무애의 경지, 중중무진重重無盡과 사사무애事事無碍의 경지를 가리킨다.

글을 쓰는 '하나'의 행위는 '모든' 행위와 연결되어 있다. 의상의 『법계도』에 잘 드러나 있듯이 글을 쓰려는 그 첫 마음[초발심]이 곧 궁극적인 것, 전체적인 것으로 연결되어 있다. "처음 발심할 때가 바로 정각(바른 깨침)을 이룬 때"이다. 예컨대, 손끝에

11 불교 화엄종(華嚴宗)에서 말하는 10가지 중요한 교의(敎義)로서 4종의 법계(法界) 중, 사사무애법계(事事無碍法界)의 특징을 10가지 측면에서 설명한 내용으로서, 십현연기(十玄緣起) 또는 줄여서 십현(十玄)이라고도 한다. 이에 통효하면 진리의 영역인 화엄의 현해(玄海)에 들어갈 수 있다고 하여 현문이라고 하며, 또한 10가지 특징이 서로 연(緣)이 되어 다른 특징을 일으키기 때문에 연기라고도 한다. 화엄종의 제2조 지엄(智儼)이 두순(杜順)의 뜻을 계승하여 이를 말하고, 제3조 법장(法藏)이 개작하였기 때문에 전자를 고십현(古十玄), 후자를 신십현(新十玄)이라고 한다.

12 『大方廣佛華嚴經』, 「金師子章」제 1권 (『대장경』제45권, 669쪽) 참조.

펜을 들고 무언가를 쓴다는 것은 이미 세상과 연결되어 일체 사물을 느끼고 보고 말하는 것이 된다. 글쓰기는 단순히 글에만 갇힌 행위가 아니다. 글을 쓰는 순간 개체는 우주의 일체와 연결된다. 모든 행위에는 그 행위가 지향하는 화면畵面/화상畵像이 하나씩 붙어있다. 그것은 행위의 얼굴이며 눈동자[眼目]이다.

쓰는 것은 써 '보는'것이며, 읽는 것은 읽어 '보는'것이며, 만지는 것은 만져 '보는'것이다. 모든 행위에 붙어있는 이 '보는 것' 즉 행위가 가져오는 화면/화상은 어떤 하나의 행위가 하나의 '깨침'과 연결되어 있음을 말한다. 하나는 곧 전체로 연결되어 간다. 하나를 하면, 그 하나를 봄으로써 그것의 본질적인 것으로 연결되어 간다. 마치 『대방광불화엄경大方廣佛華嚴經』「금사자장金師子章」 앞머리에서

> 금金은 법계法界의 체體를 비유한 것이고, 사자師子는 법계의 용用을 비유한 것이다.

라고 하여, 금과 사자가 하나라고 하듯이 말이다. 금으로 보면 사자도 금이며 사자로 보면 금도 사자이다. 글을 쓰는 것[用]과 글을 써서 '본 것[體]'의 세계는 하나이다.

결국 글쓰기는 깨침·깨달음을 향해서 있다. 그 깨침·깨달음은 앞서서 말한 아름다움과 성스러움의 불이不二의 경지에 이르는 것이다. 늪의 글쓰기는 철학적인 것과 더불어, 미학, 윤리학, 종교학 등과 자연스럽게 연결되어 갈 수밖에 없다. 늪의 글쓰기에서는 당연히 '불이不二의 미학'이 존재한다.

7. 미의 '얼굴' 성스러움, 미와 성 그 불이不二의 미학

최근에 내가 관심을 갖고 쓰고 있는 열 자로 된 시詩 가운데 다음과 같은 것이 있다.

아름다움에 성스러움이

이것은 2003년 12월 중국 동해안의 아름다운 도시 영파寧波라는 곳의 밤 풍경을 관망하면서 순간의 느낌을 10자의 시詩로 메모한 것이다.

여기에 나는 이렇게 해설(시작 노트)을 붙였다.

> 아름다움의 수준이 그 사회의 수준이다. 그 사회를 알고자 하면 그들이 어떻게 아름다움을 느끼고 표현하는가를 보라. 아름다움엔 사람다움과 성스러움이 깃들어 있다.

내가 느낀 영파의 거리는 단순한 건물의 집합체가 아니었다. 아름다움을 그 너머의 무엇으론가 이끌어 가고자 한 흔적을 느낄 수 있는 곳이었다. 거기서 나는 작은 감동을 얻었던 것이다.

그렇다. 아름다움과 성스러움은 서로 통한다. 어쩌면 아름다움에 점을 찍은 것, 아름다움의 '얼굴'에 해당하는 것이 '성스러움[聖]이 아닐까?

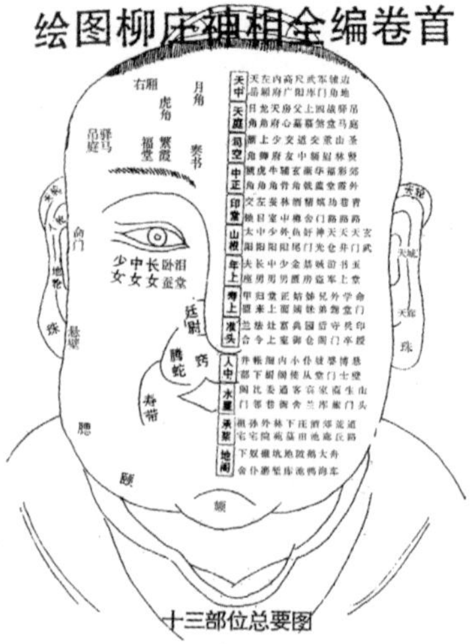

그림 8)『마의상법』의「십삼부위 총요도三十部位總要途」

대니얼 맥닐Daniel McNeill은『얼굴』이란 책의 앞머리에서 모든 것은 얼굴에 있다라는 키케로의 말을 적고 다음과 같이 말한다. 우리의 마음은 나비가 꽃을 찾듯이 얼굴을 찾는다. 얼굴은 우리에게 값을 매길 수 없을 만큼 소중한 정보를 제공하기 때문이다.[13]

'동그라미 그리려다 무심코 그린 얼굴'이라는 노랫말처럼, 인간이 있는 한 어디에서건 '얼굴'을 찾아내려고 한다. 그래서 얼굴을 통해 자신의 관점과 미관을 불어넣는다. 그럼으로써 표현하고자 하는 대상의 개성을 창출하고 자신의 내면적 지향을 복구시켜간다. 이렇듯 얼굴은 온 몸의 정보를 압축 혹은 집약하고 있다. 몸의 모든 아름다움의 정보는 얼굴이 갖고 있다.

---

13 대니얼 맥닐,『얼굴』, 안정희 옮김, (사이언스 북스, 2003), 15쪽.

중국 송대 초기의 마의도사麻衣道士가 써서 그의 제자인 진희이(陳希夷, 867-984)에게 전수했다고 하는 비결서『마의상법麻衣相法』[14]에서 제시되는 얼굴(나아가서는 신체)(그림 8)에는 능숙하고도 섬세하게 수많은 정보가 편집되어 있다. 이러한 정보의 편집술에서 보듯이, 동서양을 막론하고 모든 현상물에서 얼굴 혹은 그에 해당하는 정보를 편집하여 지知를 구축해왔다. 그러나 이러한 얼굴의 지知도 하나의 온전한 얼굴을 완성해가려는 과정에서 생겨난 정보의 집합일 뿐이다. 그런 의미에서 얼굴의 정보도 방편적이며 실체란 없다. 짜 맞춘 얼굴, 즉 허공의 얼굴이다. 이미지의 편집이다. 아래의 나의 시「허공의 얼굴」에서처럼 문득 보이고(보여지고) 잊혀지는 그것이다.

세수하다가 문득 두 손에 든
물을 바라보다가, 물 한줌 쥔 동안 비치다 깨어지고
다시 짜 맞춰지는 나를 보았네, 두 손과 얼굴 사이에서
은밀히 살아남은 허공의 물방울
물 한줌 쥘 동안 비치는 이목구비
그것마저 놓쳐 버리면 낱낱이 분해되거나
세상으로 흘러다닐 얼굴을 보았네
자신을 잊을 때까지 두 손과 얼굴 사이에서
떠오르다 가라앉는 물방울, 그러다가 그러다가
당장에 무슨 뾰족한 수도 없이
아주 잊혀져가는 얼굴을 보았네
-최재목,「허공의 얼굴」전문[15]

---

14 관상학(觀相學)에서『달마상법(達麻相法)』과 쌍벽을 이룸.

15 최재목,『나는 폐차가 되고 싶다』, (시와반시사, 1998), 11쪽.

이렇게 어디까지나 '방편적'이긴 하나, 성스러움과 아름다움은 우선 사물과 인간(나아가서는 인격체)의 '얼굴'이란 매개를 통해서 상호 내밀하게 교류한다. 아름다움에서 찾아낸 '얼굴'은 바로 성스러움이다.

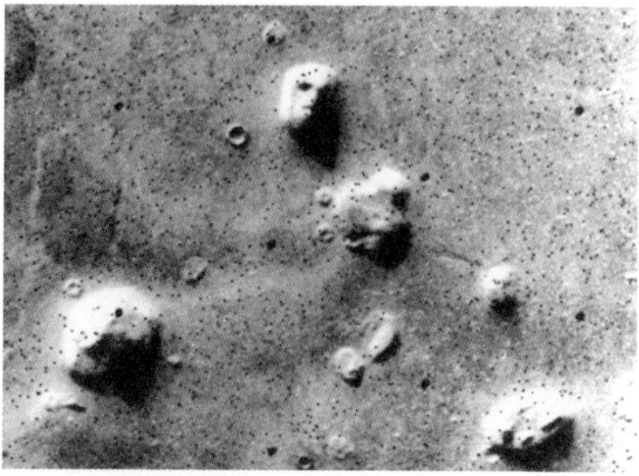

그림 9) 화성의 얼굴 사진

'얼굴은 육신의 중심이다.'[16] 아름다움에 얼굴이 있게 되면 바로 성스러움으로 연결되어 간다. 가끔 이 얼굴은 '꽃'으로도 비유된다. 인간 외의 만물에서 발견된 아름다운 얼굴은 바로 꽃이다. 꽃은 만물의 아름다움에 '눈[眼]'을 찍은 것이다. 바위나 산을 바라보면서 하필이면 '얼굴'을 보고, 화성火星을 보면서 '얼굴'을 발견해내듯이 말이다(그림 9).

우리가 불상佛像을 볼 때 미학자의 눈에 비친 것은 '아름다움美'일 수 있겠지만 불교신자의 눈에는 '성스러움[聖]'일 수 있다. 미美와 성聖은 다른 것이 아니다. 불이不二이다.

16 대니얼 맥닐, 『얼굴』, 안정희 옮김, (사이언스 북스, 2003), 14쪽.

『화엄경華嚴經』을 중국에서 『대방광불화엄경大方廣佛華嚴經』으로 번역한다. 그런데 여기서 '화엄'(혹은 佛華嚴)이 갖는 두 가지 뜻 즉 ①간다 비유하(: 잡화(雜華)-엄식(嚴飾)(→華嚴))[17], ②아바탐사카(: 꽃장식 즉 꽃으로 만든 관(冠) 도는 귀걸이) 가운데 어느 쪽을 택해서 번역이 되었는가 하는 그 경위는 분명하지 않다.[18] 다만 명백한 것은 지고의 성스러운 부처[佛]와 아름다운 꽃[華]을 어떤 관점에서 어떤 방식으로 편집한 것이냐 하는 그 핵심적인 문제, 즉 '인도적 성聖/미美가 중국적 사유 속에 수용되어 어떻게 재편집되었는가'를 물어볼만한 것이다. 그 재편집의 근저에 있는 '성/미聖/美의 불이不二'의 의미는 변하지 않는다.

『화엄경』「입법계품入法界品」에는 잘 알려진대로 구도求道의 동자童子 즉 선재동자善財童子가 등장한다. 이 선재동자는 보살菩薩에서 외도外道[불교 이외의 가르침이나 그런 것을 신봉하는 사람]에 이르기까지 53인의 선지식善知識[사람을 불도佛道로 교화하고 선도하는 스님이나 그런 덕을 갖춘 사람]을 차례로 찾아 도를 구하는 과정을 묘사하여 정진이 곧 불교임을 강조한다. 그가 찾아 만나는 선지식 중에는 보살만이 아니라 비구·비구니·소년·소녀·의사·창녀·외도 등 갖가지 신분과 직업을 가진 사람들이다. 이를 통해 대승불교의 수도修道의 이상을 잘 보여준다.

이렇듯 늪의 글쓰기는, 마치 선재동자가 구도행을 행하듯이, 모든 행위에서 얼굴/꽃을 발견하고, 그 얼굴/꽃들로 세상을 장식해 가는 과정에 있는 것인지도 모른다. 일체의 사물에서 얼굴을 발견하고 생명을 느끼는 것은 바로 모든 사물에 한 자 한 자

---

17 '잡화'는 ①여러 색이 섞인 꽃 ②이름도 없는 꽃 ③온갖 꽃 등의 해석이 가능하다.

18 기무라 키요다카, 『화엄경을 읽는다』, 김천학·김경남 옮김, (불교시대사, 2002), 67~71쪽 참조.

의 글자로써 점안點眼해 가는 일이다. 그 점안을 통해 성스러움은 드러난다.

8. '문득 깨닫는' 순간

글쓰기의 과정은 모든 곳으로 연결되어 있다. 그리고 늪의 글쓰기는 새로운 것을 말하는 것이 아니다. 공자가 이미 있어 온 것을 서술하되 내가 새롭게 창작하지 않았다[述而不作]고 하듯이 말이다. 부처도 자신의 연기법緣起法은 이미 있었던 것을 알려준 것일 뿐이지 한마디 자신이 별다른 말을 보탠 것도 아니며 새롭게 무언가를 내세운 것이 아니라[不立]고 하였다. 그러면 이미 있어온 것들을 어떻게 말할 것인가?

사적 글쓰기, 연기적 글쓰기는 자신의 전심신全心身이 지닌 복수의 '감각'을 구동시키고 상호 연계 결합시켜 그 잠재능력을 무한히 확장해 가는 것이다. 사적 글쓰기, 연기적 글쓰기에서 하나하나의 감각은 정보를 전달, 표현해주는 미디어(media)라 할만하다.

사적 글쓰기, 연기적 글쓰기는 개인적 글쓰기 = 실체적 글쓰기 = 물적 글쓰기(즉 자기편집성)를 벗어나서 공동체적 글쓰기 = 관계적 글쓰기 = 사적 글쓰기(즉 상호편집성)으로 들어가는 것이다.

읽기에서 묵독默讀은 개인적이고 음독音讀은 공동체적인 것처럼[19] 글쓰기에서도 묵독식의 글쓰기가 아니라 음독식의 글쓰기가 필요하다. 우리가 지닌 복수 감각(미디어)의 무한 확장을 통해서 쓴다, 본다 ⇆ 느낀다 ⇆ 읽는다 ⇆ 만진다 ⇆ 맛본다 …는 것

19 천장환, 『근대의 책읽기-독자의 탄생과 한국 근대문학-』, (푸른 역사, 2003), 109 ~ 111쪽 참조.

의 상호편집, 소통의 융합이 가능하게 된다. 즉, 시視는 시 + 시만이 아니라 시 + 청 + 각 + 촉 + 미… 등으로, 청聽은 청 + 청만이 아니라, 청 + 시 + 각 + 촉 + 미…로 확장되기 마련이다. 그렇다면 쓴다는 것은 본다 - 듣는다 - 만진다 - 느낀다 - 맛본다 - … 등과 상호의존적이며 상호소통적인 것으로서 존재할 수 있다.

중국의 미학에서는 선진先秦시대의 '보기[觀]'에서 위진魏晉시대의 '맛보기[味]', 송대의 '깨닫기[悟]'로 발전한 역사가 있다[20]고 하지만 사실 심신상에서 볼 때 '보기[觀]'-'맛보기[味]'-'깨닫기[悟]'는 동시적 혹은 복합적, 중층적으로 발생할 수 있는 것이다. 나는 「수행적 글쓰기, 치유적 글쓰기」라는 글에서 이렇게 말한 적이 있다.

> 우리들의 생각과 느낌은 풍요롭게 열려있다. 예컨대, 자기 삶의 어떤 느낌과 생각 즉 '×'라는 것이 있다고 하자. 그것은 ' ✗ ⊗ ⊗ ⓧ ⓧ ☒ ☒ ⊠ ▩ ▓ ⌛ ⌫ ⌦ ⌖ ⋈ ⋉ ⋊ ⤧ ⇼ ※ ‡ ヌ ☆ ★ X ∗ + χ # ㄌ ł &'등등 얼마든지 바꿔서 표현할 수 있는 것이다. 내가 말하는 글쓰기는 바로 이 '바뀌고', '떨린' 것(= 넓이와 깊이를 위한 진동)을 하나하나 표현하는 것이다. 내 생각과 느낌의 '지(地, ground)'에다 '도(圖, figure)'를 만들어 가는 것이다. 이렇게 해서 잡된 것들과 화해하고 공존하는 것이다. 이것을 포괄적으로 '늪의 글쓰기'라 규정하였던 것이다.[21]

자신이 지닌 전심신의 감각(미디어)을 잘 살리는 것은 자신

---

20 장파, 『동양과 서양, 그리고 미학』, 유중하 외 4인 옮김, (푸른숲, 1999), 518쪽 참조.

21 최재목, 「수행적 글쓰기, 치유적 글쓰기」, 『크로스오버 인문학』, (장승, 2003), 286쪽.

에 대해서, 자신의 바깥에 대해서 '문득 깨닫는' 순간들을 중시할 줄 알아야 한다. 그런 순간은 언제나 어디서나 찾아드는 것이다. 흔히 우리는 그런 순간을 놓치고 만다. '선택과 집중'이라는 구호가 늪의 글쓰기에서 필요 충분한 것은 아니다. 다음의 베르나르 베르베르의 말처럼 '정보도시' 즉 정보의 늪을 발견해 가는 일은 선택과 집중으로만 가능한 것이 아니라 '문득' 이루어질 수 있다. 그 '문득'의 정보를 '지知'로 바꾸어 가야한다.

> 내가 여섯 살 때의 일이다. 어느 날, 나는 **문득** 몸을 숙이고 땅을 내려다보게 되었다. 그때 나는 정원의 흙 속에 작은 도시가 존재한다는 사실을 **깨달았다**. 그것은 거주자들로 가득 찬, 말 그대로 하나의 도시였다. … 나는 그 광경에 매료되었다. 하지만 다른 사람들은 그것에 별로 흥미를 느끼는 것 같지 않았다.[22](강조는 인용자)

9. 새로운 인문학을 위한 도전, '항룡하라 유회라도'의 정신을

'문득 깨닫는' 순간들이 연속될 때 창의력, 발상의 전환은 배가된다. 문득 깨닫는 것을 소홀히 해서는 안 된다. 삶은 깨달음의 연속이고, 글쓰기도 깨달음의 연속의 한 방식이다. 첨단의 편집술인 『법계도法界圖』 혹은 『선기도璇璣圖』의 발상법 또한 '문득'에서 이룩한 것인지도 모른다.

『주역』 「건괘乾卦」에는 우리가 흔히 쓰는 '항룡유회亢龍有悔'라는 말이 있다. 보통 이것을 '항룡亢龍이니 유회有悔라'라고 읽고

---

22 베르나르 베르베르, 『상대적이며 절대적인 지식의 백과사전』, (열린 책들, 2004), 5쪽.

있다. 항룡의 '항'은 '한껏 높이 올라간', '목에 힘이 들어간' 등으로 풀이된다. '한껏 높이 올라간(혹은 목에 힘이 들어간)' 즉 '너무 튄' 사람은 후회가 있게 마련이라는 말이다. 그래서 동양에선 전통적으로 항룡유회를 부정적으로 읽고, 그런 상태가 되지 않도록 일상생활에 조신, 조심하며 살고자 이 말을 경계의 잠언으로 여겼다.

그런데, 인문학, 글쓰기에서도 과연 그럴까? 나는 이제 '항룡亢龍이니 유회有悔라'는 구절을 '항룡하라 유회라도'라고 과감하게 읽을 수 있어야 한다고 말하고 싶다. "튀어라! 후회할지라도"라는 뜻이다.

선각자, 선구자는 늘 외롭다. 외롭지 않으면 선각자, 선구자가 될 수 없다, 그 '고존孤存'의 길을 걸으며 앞서가는 인문학의 역사를 이끌기 위해서는 '항룡亢龍이니 유회有悔라'를 '항룡亢龍하라 유회有悔라도'로 바꾸어야 한다. '튀면' 욕먹고 칼을 받을 수도 있다. 그러나 그 길을 두려워해서는 안 된다. 그런 가능성 있는 사람에겐 진실과 역사가 함께 해준다[德不孤]. 인문학의 새 길을 열기 위한 창의적 발상은 한껏 '튀어야' 한다. 마음껏 '튀는' 일을 계속하면 설령 한번 죽는 일이 있더라도 역사 속에서는 영원히 산다. 적어도 인문학, 글쓰기는 그런 튀는 상상력을 먹고 산다.

10. 관념과 도상

나의 글에는 도상이 많다. 도상이란 이해를 쉽게 할 뿐 아니라 관념을 가시화하여 구체화한다. 추상을 구상화한다. 이게 바로 도상의 힘이다. 이 '관념과 시청', '추상과 구상'의 사이를 '껴안는'것이 내가 말하는 '늪의 글쓰기'이다.

도상이라 하면 우리는 예컨대 퇴계의 『성학십도聖學十圖』를 들어도 좋겠다. 『성학십도』라는 명칭에서도 볼 수 있듯이, 퇴계는 성학의 목표와 과정을 10개의 도圖 즉 ①「태극도太極圖」 ②「서명도西銘圖」 ③「소학도小學圖」 ④「대학도大學圖」 ⑤「백록동규도白鹿洞規圖」 ⑥「심통성정도心統性情圖」 ⑦「인설도仁說圖」 ⑧「심학도心學圖」 ⑨「경재잠도敬齋箴圖」 ⑩「숙흥야매잠도夙興夜寐箴圖」의 열 개의 도를 편집한 작품이다. 퇴계는 대단히 관념적인 성리학의 이론을 도를 통해서, 즉 도표라는 가시적 구체적 방법론을 통해서 표현적으로 가르치려 했던 것이다.

도圖는 사상의 특징점을 부각시켜 직관적으로 파악할 수 있는 장점이 있다. 지금의 감각으로 말하면 일종의 '파워포인트(PPT)'로 자기 사상을 간명하게 묘사·피력한 것이다. '파워포인트'란 한정된 시간 내에 정보를 정확하게 전달하여 그 결과로써 판단과 의사결정까지 초래하는 커뮤니케이션의 한 방법이다. 만화나 영상이 없던 시절, 시청각 재료가 없던 시절에 추상적 이론을 이렇게 도상圖象으로 간이簡易하게 시각적 구체적으로 표현하고자 노력했던 것은 매우 중요한 시도였다고 할만하다. 가만히 생각해보면 우리의 오관 가운데 시각視覺은 가장 빠른 시간 안에 가장 많은 정보를 획득하게 해주는 감각 기관이다. 시청視聽, 견문見聞, 안이비설신眼耳鼻舌身, 백문이불여일견百聞而不如一見에서 알 수 있듯이, 눈으로 보는 '시'와 '견'은 귀로 듣는 '청'과 '문'보다 더 앞자리에 와서 중시되고 있다. 그것은 '내 눈은 못 속여', '눈을 맞추다' '눈이 맞다', '첫눈에 들다'와 같이 시각은 다른 감각들 즉 촉각, 후각 등보다 빠르고 정확한 정보 인지력을 갖고, 마음을 변화시키는 강한 힘을 갖는다. 그런데 문제는 시각은 다른 감각들 즉 촉각 후각 등에 비해 지속적이지 못하다. 한번 눈으로 본 것은 곧 잊혀지기에 사진으로 찍거나 액자 표구 등으로 만들어 걸어두고 지속적으로 바라보지 않으면 곧 기억이나 마음에서 잊혀지고 사라져간다. 결혼사진이 그렇고 가족사진이 그렇고 학창시절의 사진이 그렇다. 서양 속담에서는 '눈에서 사라지면 마음에서도 사라진다(Out of sight, out of mind)'고 한다. 우리 속담에는 물건을 보면 마음이 생긴다[見物生心]고 하고, '몸이 멀어지면 마음도 멀어진다'고 한다. '시야'에 들어오면 '마음'이 있게 되고(=관심을 갖게 되고) '시야'에서 사라지면 '마음'도 떠난다는 말이다.

그러나 퇴계의 『성학십도』를 예컨대 병풍으로 만들어 두고 본다면 그 도상들은 지속적으로 직관·음미되어 그 속의 이론이 체질화될 수 있다. '체질화'는 이론의 항구적 실천/실행을 가능하게 한다. 관념을 도상화하고 시각화하는 것은 그만큼 의미가 있다.

11. 천수·천안, 그리고 전심신 구동하기

우리의 감각은 미디어이며, 따라서 우리의 몸은 미디어로 가득 차 있다. 그러나 이러한 미디어들은 자비로운, 그러므로 선善한 세계를 지향해야만 한다. 이 세계는 생태적 심성에 찬 세계이다. 마치 관세음보살觀世音菩薩이 중생이 소망[願求]하는 바에 응해서 자신의 몸을 나누어[分形散體], 즉 팔만사천의 이목구비[耳目口鼻]와 수족手足으로 자비를 베풀어 고통을 없애고 즐거움을 주듯이[拔苦與樂][23] 말이다.

나는 어느 글에서 이렇게 말한 적이 있다.

23 『釋門儀範』下,「六各請篇」,「第五 觀音請」: 仰唯, 觀音大聖者, 慈容甚妙, 悲願尤深, 爲接引衆生, …普應十方, …三十二應身, 十四無畏力, 四不思議德, 受用無碍, 八萬四千, 迦羅首, 八萬四千, 母陀羅臂, 八萬四千, 淸淨寶目, 或慈或威, 分形散體, 應諸衆生, 心所願求, 拔苦與樂, 大慈大悲, 觀自在菩薩, ….

정신 차리고 긴장하는 것, 그래서 일상의 잠에서 깨어나도록 하는 것. 온몸의 느낌과 생각을 총동원해서 사물과 감응하는 것은 우리들의 삶과 사색을 세상에 전방위적全方位的으로 대처하도록 하는 것이다. 사물 전체가 바로 철학함의 텍스트인 것이다. 그러므로 사물과 사태 그것 위에서 연마해 갈 수밖에 없다.

… 풍요로운 우리의 느낌과 생각의 활용이 결국 고기의 살만 발라먹는 식으로 극히 부분적으로만 활용되고 나머지는 아깝게 버려지고 있다. 소외, 방치된 우리의 온몸을 구석구석 활용하면서 철학해야 한다. 머리, 가슴 이외에도 손으로 느끼고 생각하는 철학도 있을 수 있고, 발로 느끼고 생각하는 철학이 있을 수 있고, 코로, 눈으로, 입으로, 이빨로, 피부로, 손끝 발끝으로, 머리칼로, 뼈로, 골수로, 혈액으로, 꿈으로, 환상으로, 성기로, 입술로, 호흡으로, 장기로, 심장 등의 오장육부로 하는 철학이 가능하다. 이러한 무수한 철학함이 가능하고, 이런 것들을 유기적, 종합적으로 뭉뚱그리는 철학 또한 가능할 것이다. 산책을 하면서, 농사를 지으면서, 잠자리에서, 직장에서, 식탁에서, 화장실에서, 여행하면서, 음악을 들으면서, 노동의 현장에서, 등등의 모든 일상이 그대로 철학함의 장場이 될 수 있다.

… 온몸에 다가오는 사물, 사물에 다가가는 온몸, 이러한 쌍방적·전방위적·혼돈적 소통에서 우리는 미와 예술, 노동과 자연, 의식, 종교, 문화, 물질, 생태계, 지구와 우주 전반에 온몸으로 부딪히며 그것들을 폭넓게 이해하고 수용해갈 수 있을 것이다. 이러한 인간의 쌍방적·전방위적 소통을 전제로 한 철학함은 인간 그 자신의 느낌과 생각함

> 이 '무창無窓'적 '고립孤立'적 구조가 아니라 '무한창無限窓'적 '무수창無數窓'적 구조로 고려돼야 한다는 것이다.[24]

그렇다. 심신에는 생명을 총합하는 힘이 있다. 몸은 생명의 흐름이 감지되는 첨단 센서이자, 우주의 운동을 검색하는 엔진이다. 몸을 '무한창無限窓'적 '무수창無數窓'으로 열어 가는 것, 전심신全心身 속의 미디어 즉 천수千手·천안千眼보살(그림 10)을 구동하는 것이다. 거기서 끝나지 않는다. 몸을 천족千足·천이千耳·천설千舌·천비千鼻·천신千身의 보살로 깨워가는 것이다.

이 모두가 나의 몸에 들어 있는 '힘(power)'이다. 이 모든 것을 살려가는 글쓰기는 생명의 글쓰기이자 깨침의 글쓰기이며 바로 내가 말하는 '늪의 글쓰기'이다.

---

24 최재목, 『시인이 된 철학자』, (청계, 2000), 122~4쪽.

그림 10) 티베트의 「십일면 천수관음보살」

10장 장르의 통섭을 위한 시론1:
시와 철학, 하나의 본질 두 갈래 길

1. 시와 철학의 논의에 앞서

시와 철학의 정의, 그리고 그 관계에 대해선 이미 많은 사람이 논의를 해왔다. 문학사에 시사가, 지성사에 철학사가 별도로 있듯이 구체적 지역과 역사 속에서 시는 시대로 철학은 철학대로 방대하게 전개되었다. 그만큼 그것들을 일의적으로 명료하게 정의하기란 쉽지 않다. 또한 양자를 '와'라는 글자를 매개로 논의할 근거를 찾아내는 것도 간단치 않다. 그럼에도 불구하고 시와 철학은, 정의 이전에 이미 현실적으로 친화력을 지닌 가족유사성의 개념으로 다가온다. 동양적 전통에서, '문사철文史哲'이란 말이 있듯이, 문학과 철학의 구분은 분명하지 못했다. 아니 '문학이다', '철학이다' 하는 엄밀한 개념적 구별이 성립해있지 않았다고 하는 편이 낫겠다. 실제 '경사자집經史子集', '사서오경四書五經'과 같은 텍스트가 단일한 장르로만 엄격히 분류되어 읽히고 연구된 적은 없다.

사실 지금과 같은 문학, 철학이라는 명료한 개념적 구별은 서양적 지성사의 전통에서만 의미를 갖는다. 서양 지성사적 맥락에서조차 이러한 구별이 확실해진 것은 지적知的 활동의 전문화, 세분화에 따른 근대 이후의 현상이다. 오늘날 수많은 학제적

구별은 서양의 지성사를 배경으로 해서 이해할 수 있다.[1]

우선 시(詩, poetry ; poem)는 동서양 공통적으로 인간 감정의 언어적 표현, 또는 응축된 순수한 마음의 소리라는 데서 합치한다. 중국시의 원조가 되는 『시경詩經』은 상고시대에는 궁정의 악가와 각지의 민요였는데, 뒤에 그것이 경서의 하나가 되었고 유가적인 문학이론의 기초가 되었다. 또한 시는, 시서예악詩書禮樂이란 말처럼, 종합예술의 하나로 이해되거나 정치, 철학 등과 경계선을 공유하였다. 물론 시의 정의는 시인의 수만큼 많을 지도 모른다. 그렇다면 누구에게나 어디에서나 보편적으로 통용될 '하나의 시'란 기대할 수 없고, 다수의 시에 관심을 기울이고 또 주목해야 할 것이다. 그리고 '시란 무엇인가?'라고 끊임없이 묻기보다는, 시를 다이내믹한 문화 현상으로 보아 인간 생활 속에서 그것이 어떠한 작용을 하고 어떠한 구실을 하고 있는가 등을 종합적으로 묻는 것이 중요하다.

철학(哲學, philosophy)도 시와 마찬가지로 일의적으로 정의하기란 쉽지 않다. 철학은 영어로 '필로소피(philosophy)'이다. '필로소피'란 원래 그리스어의 '필로소피아(philosophia)'에서 유래한다. '필로(philo)'는 '필로스(philos)'에서 온 '사랑하다' '좋아하다' 라는 뜻의 접두사이고, '소피아(sophia)'는 '지혜'라는 뜻이다. 그래서 '필라소피아'는 지知를 사랑하는 것, 즉 '애지愛知의 학문'을 말한다. '필라소피아'의 일본 번역어인 철학哲學의 '철哲'이라는 글자도 '현賢' 또는 '지知(=智)'와 같은 뜻이다. 이와 같이 철학이란 그 자의字義로 보아서도 단순히 지를 사랑한다는 것일 뿐, 그것만으로는 정작 무엇을 연구하는 학문인지 알 수가 없다. 이것은 철학

1 이 부분은 박이문, 「문학이론과 철학」, 『박이문선집I·문학과 언어의 꿈』, (민음사, 2003), 250쪽의 내용을 보완하여 서술하였음.

의 대상이 결코 일정하지 않다는 것을 말해준다.

어쨌든 철학도 역사적, 지리적, 그리고 철학가의 특성을 고려하며 이해해야하며 일반론적인 단순 접근은 매우 위험하다. 그럼에도 이것을 시와 연결시켜 논의한다는 것은 더욱 곤란한 일일 수 있다.

2. 인간 문제 해결로서의 시와 철학: 하나의 본질, 두 가지 갈래

흔히 우리가 별로 구별하지 않고 사용은 하고 있지만, 시와 시적인 것, 철학과 철학적인 것은 어떻게 다를까? 우선 '시'와 '철학'은 명사적으로 사용된 것이고, '시적'과 '철학적'이란 말은 형용사적으로 사용된 것이다. 다시 말하면 '시'의 의미는 시와 시적인 것, 즉 '형식과 내용을 가진 하나의 문학 장르로서의 시'(a)와 '시적인 경험, 성향, 태도'(b)를 포괄한다. 그리고 '철학'이란 철학과 철학적인 것, 즉 '철학자, 그리고 그의 사고와 논리, 그것이 담긴 텍스트'(A)와 '철학적인 경험과 성향, 태도'(B)를 포괄한다. 물론 a와 b, A와 B는 구별되어야 하지만, 후자는 전자에 포함될 수 있다. 따라서 a b, A B라는 관계가 성립한다. 철학적인 경험, 성향, 태도를 포함하지 않는 철학이란 있을 수 없고, 시적인 경험, 성향, 태도를 포함하지 않는, 문학 장르로서의 시는 있을 수 없다. a/A를 기초로 해서 b/B가 가능하다(a/A b/B).

흔히 시인들은 자신의 글쓰기를 '구도求道의 길'이라 한다. 그것은 반드시 틀린 말이 아니다. 그러나 시가 없는 삶은 있을 수 있지만, 삶이 없는 시란 있을 수 없다는 점을 이해한다면, 시가 구도 그 자체인 것은 아니고, 구도의 길 위에 있다고 이해해야 할 것이다.

시는 인간 삶의 한 표현방식이며, 인간의 삶에 그림자나 후광처럼 수반되면서 스스로를 드러낸다. 삶은 시의 내용을 채워준다는 점에서 시의 내용을 규정해주며, 시는 시인의 구체적인 삶의 체험과 상상력 없이는 드러날 수 없기에 시인의 삶에 의존(수반)한다고 할 수 있다. 시쓰기는 자신의 삶을 끊임없이 진지하게 언어로 형상화하여 바깥으로 드러내어 보여주려고 한다는 점에서 그 자체로 '수행적修行的'이다. 여기서 말한 '수행적'이란 말은 앞서 말한 '구도'의 길과 부분적으로 통하는 바가 있다. 이것은 시 그 자체가 갖는 철학성에 기인하는 것이라 하겠다.

시인의 미적 예술적 세계는 언어를 매개로 드러난다. 마찬가지로 철학자의 사고 세계도 언어를 매개로 드러난다. 그러나 시나 철학이나 기본적으로는 인간의 사고가 펼치는 상상력을 공통분모로 한다는 점에서 어떤 무엇(X)의 양면성(A/B)을 보여준다. 존 듀이(John Dewey, 1859-1952)가 그의 저서 『하나의 공통 신앙(A Common Faith)』에서, 조지 산타야나(George Santayana, 1863-1952)의 『시와 종교의 해석』[2] 속의 내용을 인용하면서 이렇게 말한 것과 흡사하다.

산타야나는 시에서 표현된 경우와 같이 인간 경험에 관한 종교적 본질을 상상과 관련된 것(imaginative)으로 생각하고 있다. 그는 "종교와 시는 본질적으로 같은 것이다. 단지 현실적인 문제와 결합되는 양식이 다를 뿐이다. 시가 인간 생활 속에 개입될 때 그것을 종교라고 부른다. 종교가 단지 인간생활에 수반될 때 그것은 시에 불과한 것이 된다"고 말한다.[3]

여기서 다시 시와 철학의 문제로 정리해볼 수 있을 것 같다.

---

2 George Santayana, *Interpretations of Poetry and Religion*(New York: Harper & Brothers Publishers, 1957).

3 John Dewey, *A Common Faith*(New Haven: Yale University Press, 1934), 17~18.

혹자는 철학과 시가 '본질적으로 같은 것'이라고 한다면, 철학을 시화詩化한다고 우려할 사람도 있을 것이다. 그러나 이미 드러나已發 현실 사회의 층차層差·장르와 같은 분절화[=節]와 결합되지 않은, 아직 드러나지 않은 미분화된 마음의 상태[未發之中]에서 본다면, 철학과 시가 하나로 되어 있는 '어떤 본질적인 마음'(X)이 상정될 수 있다. 이것(X)이 '현실과 결합되는 양식'(Y/Y')의 차이에 의해 시(a)와 철학(b)으로 갈라진다고 보면 될 것이다.

미발(未發)		이발(已發)		
어떤 본질적으로 같은 것(X)	×	현실과 결합, 표현되는 양식(Y)	=	시(a)
		현실과 결합, 표현되는 양식(Y')	=	철학(b)

여기서 '어떤 본질적인 같은 것'은 근원적인 앎[知]이라고도 할 수 있다. 이런 근원적인 앎이 현실 사회의 분절화에 맞도록 조절된 것[中節]이 바로 앎의 세분화=개별화=장르화=영역화이다.

우리의 삶은 어떤 형태로든 '앎'으로 점철되어 있다. 이처럼 '어떤 본질적인 같은 것'으로서의 앎이 현실 사회의 분절화에 따라 문학, 철학, 종교 등의 장르로 명명된 것일 뿐이다. 시도 철학도 인간의 문제를 해결하는 것이며, 그런 점에서 종교와도 통한다. 키시모토 히데오(岸本英夫)는 『종교학』에서 이렇게 말한다.

> 종교는 인간 생활에 이상을 갖게 하며 '인간 문제'의 해결을 꾀한다. 한마디로 종교는 인간문제를 '궁극적(ultimate)'[4] 으로 해결하려고 한다. 궁극적이라는 것은 인간생활에 비추어 살펴보면 그것은 한량없이 넓고 깊은 인생을 꿰뚫어

4 혹은 '절대적(absolute)'으로 해도 좋다.

> 보는 위치에 서는 일이다. 대체로 인간으로서 생각할 수 있는 최대의, 그리고 가장 깊은 투시점에 서는 일이다. 종교활동의 궁극적이라는 성격은 다음과 같은 간단한 부등식不等式으로 나타낼 수 있다. '문제의 어려움'을 'a'로 하고, '문제처리의 종교활동'을 'x'로 했을 때, 양자 사이에는 a x의 관계가 성립한다. a에다 어떤 수치를 부여해도 x는 항상 a보다 크다. 이와 같은 관계에서 x의 활동을 궁극적이라고 부르는 것이다.[5]

그런데, 이 a < x, 즉 문제(인간 문제) 해결의 어려움 < 문제처리의 종교활동은 철학과 시의 경우에 적용해도 될 것 같다. 다시 말하면 문제(인간 문제의 해결)의 어려움 < 문제처리의 철학활동 또는 시활동으로 종교 대신 철학과 시로 대체해도 된다는 말이다. 즉 종교처럼 철학과 시도 '인간 문제의 해결의 어려움'을 처하는 활동이기 때문이다. 단지 종교는 신앙적 언어로, 철학은 논리적 언어로, 시는 직관적 언어로 그 본질을 드러내고자 할 뿐이다.

a		x
문제(인간문제) 해결의 어려움	<	문제처리의 종교 철학 시 활동

원래 진리 그 자체(=眞如)는 언어로 표현할 수 없는, 다시 말해서 언어를 초월한離言眞如 세계이다. 궁극적인 것[體]은 그것을

5 키시모도 히데오, 『종교학』, 박인재 옮김, (김영사, 1996, 7쇄), 47~49쪽의 내용을 요약한 것임.

인식, 경험을 가능하게 해주는 매개체[相] 없이는 그 작용[用]을 파악할 수 없다. 영어 릴리전religion을 번역한 한자어의 '종교宗敎'라는 말은 '으뜸·궁극'이라는 뜻의 '종宗'과 '가르침·교설'이라는 뜻의 '교敎'가 합하여 이루어졌다. 그래서 종교는 '종의 교'인가, '종과 교'인가 하는 물음이 생겨날 수밖에 없다.[6]

그런데, 궁극적, 근본적인 어떤 것은 말과 글을 매개로 하지 않고는 전달이 불가능하다. 궁극적인 것의 전달에 언어적 표현은 필수적이다. 이것은 『화엄일승법계도華嚴一乘法界圖』(이하 『법계도』)(그림 11)에 비유해보면 쉽게 이해된다. 『법계도』는 법 = 진리의 세계를 도인 혹은 문양으로 압축하여 표현하고 있다. 『법계도』는 54각이 있는 도인에 합쳐서 만든 것으로 '가지가지의 꽃으로 장엄한 일승의 진리로운 세계의 모습'이라는 뜻을 담고 있다. 지극히 조직적인 법계도의 게송은 중앙에서 '법성원융무이상法性圓融無二相'의 '법'자로 시작해서 '구래부동명위불舊來不動名爲佛'처럼 '불佛'자로 끝맺고 있다. 『법계도』의 근본정신은 바로 『화엄경』의 근본정신이기도 하다. 의상은 『법계도』에서 이렇게 말하고 있다.

> 법성의 상은 무엇인가. 무분별로써 상을 삼는다. 그러므로 일체 평상의 도리가 중도에 그름도 없고 분별도 없다.

---

6 중국의 선서(禪書) 『벽암록(碧巖錄)』 제5칙 설봉율립雪峰栗粒에는 垂示云, 大凡扶豎宗教, 須是英靈低漢([원오 극근 스님이 대중들에게] 수시하여 말씀하시기를 "무릇 궁극적인(절대적인, 근본적인) 가르침을 세워서 이끌어 가기(扶豎) 위해서는 모름지기 (그 사람이 도리의 근본을 파악한) 영특한 자가 되어야 한다"고 되어 있다. 여기서 말하는 종(宗)이란 교(敎)를 수식하는 형용사로 '궁극적인, 절대적인, 근본적인'이란 뜻이다. 산스크리트어로 말하면 '성취된 궁극의 경지'를 뜻하는 '싯다안타(siddh-anta)'에 해당한다.(하세가와 요조, 『기독교와 불교의 동질성』, (붓다의 마을, 2005), 21~24쪽 참조.)

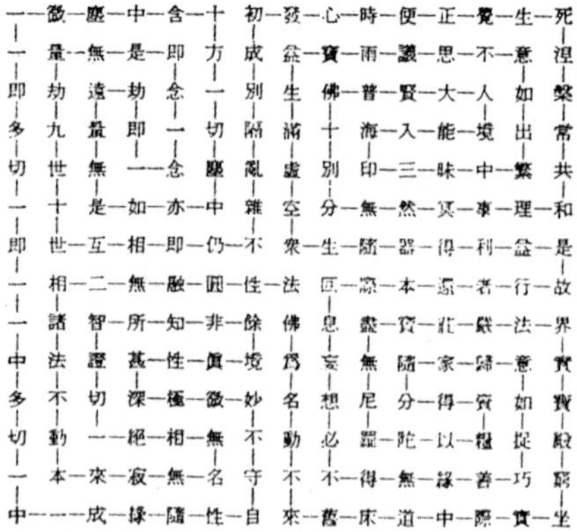

그림 11) 『화엄일승법계도』

이러한 뜻이 있기 때문에, 문장 첫 시가 '법성은 원융하여 본래 두 모양이 없네'이며 끝이 '예로부터(억만 겁 동안) 부동한 것 그 이름이 부처일세'이다. 시詩에 의지한 까닭은 허망한 데 나아가서(=허구에 입각해서) 실상을 나타내려는 것[所以依詩卽虛顯實]이다.[7]

『법계도』는 시에 의지하여 법성의 상을 표현하였다. 그것은 언어적 표현인 시 즉 허망한 데 나아가서(=허구에 입각해서) 진리 즉 실상을 나타내려는 것이다. 허망은 시이고 법성의 상은 철학에 해당한다. 시와 철학은, 『법계도』가 신화적 상징으로서 뱀

---

7 法性以何爲相, 以無分別爲相, 是故一切尋常在中道, 無非無分別, 以此義故, 文首詩, 法性圓融無二相, 乃至 舊來不動名爲佛, 所以依詩卽虛顯實, 故誓願見聞修集一乘法名字及義, 以斯善根迴施一切衆生, 普重修盡衆生界, 一時成佛, 法界圖章.(義湘, 「華嚴一乘法界圖」, 『韓國佛教全書』第二冊, (東國大學校 出版部, 1979年, 2~8쪽)

[蛇] 또는 용龍이 자기 꼬리를 물고 있는 모습으로 미분화·전분별적前分別的·혼돈의 상태를 말하는 우로보로스(Ouroboros)처럼 보이듯, 맞물려 있다. 시와 철학은 꼬리에 꼬리를 물고 있다고 해도 좋다. 철학이 시에 기대어 있는 것, 진리가 언어에 기대어 있는 것은 의언진여依言眞如이다. 그리고 『법계도』에 주목해보면, 글자를 따라가지 않고는 처음부터 끝까지 한바퀴를 돌 수가 없다. 말(문자)을 통하지 않고서 말 사이의 빈 공간에 들어서거나 또는 다른 공간으로 넘을 수도 없다. 이처럼 언어에 즉卽해야만(기대야만) 진리의 세계로 따라 들어갈 수가 있다. 언어에 기대서 언어를 버리는[因言遣言][8] 것을 말한다. 종교와 시와 철학이 어울릴 수 있는 근거도 여기서 생겨나며, 본질적인 것과 현상적 장르들이 만나는 가능성도 여기서 발견된다. '시詩'에 의지한 『법계도』는 신앙적/종교적 언어이자 논리적/철학적 언어요 직관적/비논리적 언어이다. 종교와 철학과 시가 절묘하게 만나는 광경이다.

앞서 이야기 한 '근원적인 앎知'으로서의 「어떤 본질적인 같은 것」에서는 둘이 없고 하나일 뿐이다. 이 '하나[一]'에서 현상의 분절화 즉 '여럿[多]'이 생겨난다. 그러나 하나[一]와 여럿[多]은 '불이不二' '즉卽'의 논리에 기대서 있다. 『대승기신론大乘起信論』의 논술의 핵심적 주장을 제시한 「입의분立義分」에서는 이렇게 말한다.

> '마하야아나'(大乘: 큰 수레)는 크게 두 가지로 설명할 수 있다. 하나는, '큰 수레'라는 것은 무엇을 가리키는가 하는 것이고, 또 하나는 그것을 어째서 '큰 수레'라고 부르는가 하는 것이다. 첫째로, '큰 수레'라는 것은 '중생심(衆生心 : 중생의 마음)'을 가리킨다. 이 마음은 일체의 경험적 사실

---

8 元曉, 『大乘起信論別記』권2 참조.

> [世間法]과 초경험적 사실[出世間法]을 포함한다. 마하야아나에 관한 일체의 교설은 오로지 이 '마음'과 관련되어 있다. 보다 구체적으로 말하면 이 마음은 '실재[眞如]'와 '현상[生滅]'이라는 두 측면에서 파악될 수 있다. 이 중에서 실재의 측면[眞如相]은 마하야아나의 본체[體]를, 그리고 현상의 측면[生滅因緣相]은 마하야아나 본체의 외적 표현으로서의 양상[自體相]과 기능[用]을 나타낸다.[9]

여기서는 '마하아야나'가 곧 '중생심'임을 말하고, 일심一心은 '실재[眞如]'와 '현상[生滅]'이라는 두 측면(이것을 二門이라고 한다)에서 파악될 수 있음을 보여준다. 그리고 실재의 측면은 마하야아나의 본체[體]를, 현상의 측면은 마하야아나 본체의 외적 표현으로서의 양상[相], 기능[用](이 셋을 三大라고 한다)을 나타낸다. '일심一心' - '이문二門' - '삼대三大'는 결국 일심을 분절화시켜 표현한 것에 불과하다. 이 셋은 「어떤 본질적인 같은 것」을 현실적인 여러 각도에서 파악한 것이다. 이 모두를 통섭通攝하는 개념은 다름 아닌 중생심 = 일심이다. 나는 이것을 '늪'이라는 하나의 상징적 모형으로 설명한다.

3. 시와 철학의 새로운 통섭 모형 - '늪'의 글쓰기

난 몇 년간 '늪'에 착안하여 새로운 글쓰기, 발상법, 철학의 방법론을 구상하고, 이를 더욱 세련화시키고자 노력해오고 있다. 늪

---

9 摩訶衍者, 總說有二種, 云何爲二, 一者法, 二者義, 所言法者, 謂衆生心, 是心則攝一切世間法, 出世間法, 依於此心, 顯示摩訶衍義, 何以故, 是心眞如相, 卽示摩訶衍體故, 是心生滅因緣相, 能示摩訶衍, 自體相用故.

이란 것은 오래 전 내가 폐차장에 일그러진 폐차를 보면서 떠올린 좋은 착상이다. 그래서 이것이 단순한 공상으로 끝나지 않게 하기 위해서 나는 '늪'의 사고와 그에 기반한 글쓰기 즉 「늪의 글쓰기」라는 내용으로 나의 소박하고도 솔직한 견해를 틈틈이 정리하여 몇 편의 글로 발표해왔다.[10]

늪은 지구의 숨통(허파)으로 불리기도 하면서 부서져 가는 자연의 생태환경을 복원해주는 역할을 한다. 답답한 지구에 인간다운 삶의 공간을 만들어주는 오만 잡것들의 고향인 늪은 문명의 주변 지대에 위치하면서 도시와 과학 기술, 자본주의가 쏟아내는 오만 잡것들을 받아들여 정화하며, 지하-지상, 생물-무생물-동물, 자연-인간 등 삶의 건강한 생태 공간을 만들어 간다. 온갖 더러운 것들을 받아들여 맑고 아름다운 것으로 만들어내는 늪에는 혼돈/디오니소스성(Das Dionysische)과 질서/아폴로성(Das Apollinische)이 공존하고, 죽음과 삶, 파괴와 생성이 공생한다. 그래서 늪은 하나이면서 둘이고, 또한 둘이면서 하나이다. 늪은 하나도 아니고[不一] 둘도 아닌[不二] 그 양자의 '사이[間]' 혹은 '겹쳐 맞물림[際](겹맞물림이라 해둠)'에서 존재한다. 이 '사이'와 '겹맞물림'을 아우르는 「늪의 글쓰기」는 시와 철학의 글쓰기(즉 철학은 시에게 뿌리와 비전, 비판능력과 종합능력을 제공하고 시는 철학에게 상상력과 수사력, 감성을 제공하는 식의), 순純과 잡雜이 어울릴 수 있는 좋은 모형이 되는 것이다.

10 즉 『불교평론』(불교시대사) 제16호(2003·가을호)의 「깨달음에 이르는 글쓰기를 위하여」, 같은 책 제17호(2003·겨울호)의 「늪, 늪의 글쓰기」, 그리고 영남대 인문과학연구소 『인문연구』 제45호·46호(2004)의 「인문학, 편집술, 事的 글쓰기 혹은 緣起的 글쓰기」가 그것이다.

11장 장르의 통섭을 위한 시론2: '의미의 미학'을 위하여

1. 미학의 아웃사이더 혹은 특권

요즘의 전공이니 전문이니 하는 구분 방식에 따른다면, 미학에 관한 한 나는 문외한이다. 미학을 전공한 적도 없고 미학 관련의 전문적인 글을 쓴 적도 없기 때문이다. 미학에 들어가는 대문大門을 정해 두고 그 안과 밖을 구분하여, 안쪽 일에 관계하며 전문적 지식과 조예가 있는 관계자들 즉 문내門內의 사람을 전문가로 하고, 문외의 사람[=門外漢]을 비전문가라 한다면 나는 분명 문밖의 사람이다.

중국 사람들은 전문가를 내항內行이라고 하고 비전문가(문외한)를 외항外行이라고 부른다. 내항에 속한 사람은 인사이더(insider, 內集團)이고, 외항에 속한 사람은 아웃사이더(outsider, 外集團)이다. 물론 아웃사이더도 두 종류로 생각해 볼 수 있다. 하나는 같은 집단에 속하면서도 따돌림(=왕따)을 당하는 경우이고, 다른 하나는 집단에 접근하면서도, 이주자나 행상인처럼 완전히 한 패가 되지[=同化] 않은 경우이다.

나는 그동안 철학과 시를 함께 해 왔다. 그러면서 미학에 대해서는 본격적으로 생각해본 적이 없다. 이 점에서 나는 분명 미학의 아웃사이더이다. 그런데 엄밀하게 따지고 보면 나는 미학 전문가 집단과 아무런 관계가 없는 것은 아니다. 철학과 시를 하면서 미학에 대한 문제를 무의식중에 생각을 하고 있었거나, 미학에 친화적인 사색을 해왔는지도 모른다. 이렇게 보면 나는 미학의 대문 앞을 얼찐거렸거나 아니면 미학이라는 것을 모른 채 그 속에서 한두 번씩 눈길을 멈추었을지도 모른다.

나는 오히려 아웃사이더로서 미학에 대해 어떤 거리와 여유를 느끼기도 한다. 그것은 다름 아니라 미학을 하는 사람들이 주거하는 대문 안 쪽의 일을 '자유롭게' 그리고 '객관적'으로 들여다보기도 하는 이른바 '특권적 관여'를 하고 있는 것 같다. 철학 쪽에서, 시 쪽에서 미학을 조망 또는 관망하는 재미는, 최근의 학문이 갖는 통합적 경향에도 부합된다고 느낀다. 최근 내 전공 밖의 거리 풍경에 관심을 가지기 시작하면서 학문이란 내외 구분이 명확하지 않은 점이 오히려 많음도 느낀다. 아니 학문이 서로 어울리는 경계선 부근(=學際/學間)을 언덕 삼아 전체를 둘러보는 '눈'과 '경험'의 중요함이 새삼 선명해진다.

2. 미의 중개인으로서의 미학, 미학서, 미학자

'미학美學'이란 말을 들으면 무언가 좀 우아하고 있어 보인다. 또 미학을 전공하는 사람은 어딘지 세련된 구석이 있을 거라는 막연한 생각도 갖는다. 학창시절엔 미학을 하는 여학생을 만나면 미적인 달콤한 연애라도 한번 해볼까 하는 막연한 기대를 가진 적이 있었다.

미학을 좀 공부해보겠다고 이런저런 책을 들여다본 적도 있었다. 주로 서구의 미학 이론서들이지만 한 마디로 딱 머리가 아팠다는 기억뿐이다. 그리고 '미학이라는 것은 원래 이렇게 어려운 것이구나. 내 능력으로는 접근이 불가능하구나, 집어치워야겠다'는 생각마저 들었다. 마치 중국 명대 심학의 집대성자인 왕

양명(王陽明, 1472-1528)이 주자(朱子, 1130-1200)의 격물치지格物致知라는 이론을 공부하다가 노이로제에 걸려 '내 능력으로는 성현聖賢에 이르는 공부에 한계가 있구나' 생각하고 학업을 포기하고 입산入山할 생각을 했던 것처럼 말이다.

미학자에게서 미와 미학을 찾아보려는 시도가 꼭 옳은 것도 아니지만, 난 막연하나마 내가 만난 미학자들에게서 어떤 아름다움을 구하고 있기도 했다. 그런데 대체로 그들은 미학에 대한 개념, 논리를 통해 미를 설명하려 하는 등 지적知的 계몽의 태도를 잃지 않는다. 물론 미학자들 자신이 알고 있는 미학적 지식을 동원하여 '이것을 알아야 돼, 아니 이런 기초 개념도 모르고 미학을 지껄이면 안 돼'라는 식의 계몽적 자세에 나는 한편으로 충분히 공감도 한다. 왜냐하면 어차피 학문이란 것은 언어적 수단(이론과 논리)을 통해 기초 개념을 구축하고 있고, 그것을 마스터하지 않으면 그 다음으로 진척해 갈 수 없기 때문이다. 이른바 강단에서 통하는 강단미학은 거리의 미학과는 달리 기본 개념이해에서 출발한다.

그러나 그렇다고 아무데서나 그런 강단의 미학으로 사람들을 무조건 계몽할 수 있다거나 그것만이 '전부'라고 하는 생각은 위험하다. 미학에는 강단이 있을지 모르지만, 미 그 자체에는 강단이다 거리다 하는 구분도 없다. 인간이면 누구나 어떤 종류의 미를 느끼고 생각하고 또 표현하고 있는 등 미학 성립 이전에 이미 미에 일정한 관여를 하고 있는 것이다.

돌이켜보면 미학, 미학서, 미학자들이 내가 느끼고 생각하는 미를 가로막는 장애물이라는 생각이 든다. 그들은 우리들에게 미의 의미, 가치, 내용과 같은 일종의 '틀'을 만들어 건네주는 이른바 중간도매상인 셈이다. 그래서 미의 유통망이 강단 내외에 성립한다. 솔직히 나는 이런 미의 세속적 유통망에 걸려들고 싶지는 않다. 지금 나는 그것과 좀 거리를 두면서 내 나름의 방식과 이야기로 나의 미학을 갖고 싶은 순박한 의도를 갖고 있다.

3. 미학 - 생명의 진정한 '의미'에 눈 뜨는 것

오래전 우연히 읽은 책 가운데 기억에 남는 구절이 있다. 『타고르의 회상록』에 나오는 것이다.

> 그는 강 위에 떠 있는 배에 머물고 있었다. 배 위의 작은 오두막 속에서 그는 모든 시인들의 오랜 질문인 '미란 무엇인가?'에 대해 고심하고 있었다. 그는 미에 관한 고대에서 현대에 이르는 책들을 뒤지고 있었다. 그의 오두막은 미학에 관한 거의 모든 책이 있는 작은 도서관이라고 할 수 있었다. '미란 무엇인가?'라는 질문은 그가 평생을 두고 고심하던 문제였다. 왜냐하면 그는 '미란 곧 진리요 신'이라는 느낌을 갖고 있었기 때문이었다.
>
> 밤이 깊어졌다. 강은 은빛으로 빛났고, 바깥은 너무나 고요했다. 멀리서 뻐꾸기 소리가 은은히 들려올 뿐이었다. 그는 모든 생각을 잊었다. 그러다 피곤해져 책을 덮고 작은 촛불을 껐다.
>
> 그러자 갑자기 커다란 계시가 일어났다!
>
> 그가 작은 촛불을 끄는 순간 창문으로부터, 문으로부터, 모든 곳으로부터 달빛이 스며들어와 오두막 안에서 춤을 추기 시작했다.
>
> 그 순간 타고르는 큰 경외감에 젖어 말했다.
>
> "나는 그 순간 미가 무엇인지 알았다. 나는 누구에게도 그것을 말할 수 없었고, 아직 그것을 정의 내리지 못했다. 하

지만 그 순간 나는 아름다움이 무엇인지 알았다. 그 전적인 고요함, 멀리서 들리는 뻐꾸기 소리, 그리고 서서히 밀려오는 달빛….”

그는 밖으로 나갔다.

그것은 순수한 아름다움 자체였다. 전 존재가 축제를 벌이고 있었다. 그는 자신의 노트에 썼다.

“얼마나 어리석었던가! 나는 미에 대한 정의를 책에서 찾고 있는데, 미는 내 문 밖에 서 있었다니! 작은 촛불이 거대한 들의 들어옴을 막고 있었다니!”[1]

타고르(Dwarkanath Tagore, 1794 - 1846)는 ‘순수한 아름다움 그 자체’를 철학자나 미학자들이 지은 책 속의 ‘미학 이론’이 가로막고 있다고 한다. 타고르가 말한 “누구에게도 그것을 말할 수 없었고, 아직 그것을 정의 내리지 못했다. 하지만 그 순간 나는 아름다움이 무엇인지 알았다. 그 전적인 고요함, 멀리서 들리는 뻐꾸기 소리, 그리고 서서히 밀려오는 달빛…”은 바로 직관되는 하나의 생명 그 자체이다. 미는 이처럼 생명의 진정한 의미에 대해 눈 뜨는 것이다. 여기서 ‘진정한’이란 추상적 개념과 지식이 아닌 ‘지금·여기에 각양각색으로 살아 움직이고 있는, 예컨대 ‘타고 있는 촛불’ ‘흐르고 있는 시냇물’ ‘고뇌하고 있는 마음’처럼, 그저 그렇게 있고 그렇게 되어가는 것이다. 여실如實, 여여如如, 여시如是를 말한다. 저절로/스스로 그러하다는 뜻의 ‘자연自然’이라고 해도 좋다.

중국의 유명한 시인 도연명(陶淵明, 365 - 427)이 「음주飮酒」라고 제목 붙인 20수의 연작 가운데서 우리들에게 잘 알려진 그 다

---

1 이수원,『삶과 사랑의 미학』, (집문당, 1997), 143 ~ 4쪽에서 재인용.

셋째의 시를 보자.

> 사람 사는 곳에 초가 짓고 살아도
> 수레와 말달리는 시끄러움 모르겠네.
> 그대에게 묻노니 어찌 그럴 수 있는가?
> 마음이 (속세로부터) 멀어지니 사는
> 곳이 저절로 외지게 되네.
> 동쪽 울 밑에 핀 국화를 따고
> 물끄러미 남산을 바라보네.
> 어스름 저녁 산 기운 아름답고
> 나는 새들 짝지어 돌아오네.
> 이 속에 참된 뜻[眞意]이 있는데
> 말하려 해도 이미 말을 잊고 마네.

도연명이 마지막 구절에서 말한 '표현하고자 해도 언어[言]로써는 표현할 수 없는' 그 어떤 것. 그것이 바로 생명의 진실이다. 생명은 개념적 설명에 의존하여 표현되는 것이 아니라 직관에 의해 그 '의미'가 음미되는 것이다. 음미된다는 것은 인간의 언어 이전에 있는, 그래서 감각 이전에 있는 '그저 그렇게 있고 그렇게 되어가는 것'의 있는 그대로를 통째로 받아들이는 것이다. 찰나이거나 극미인 무엇, 그러나 그것을 하나하나 설명해가면(=펼쳐 가면) 거기에는 영원과 전체, 그리고 극대가 들어있다. 찰나, 극소는 그대로 하나의 장광설舌이다. 마치 한 생각[一念] 속에 삼천제법三千諸法 즉 우주를 갖추고 있다는 자각처럼 말이다. 우리의 평상심平常心 속에 우주 삼라만상이 다 포함되어 있다는 것은 생명의 진정한 의미에 눈 뜨지 않고선 이해가 불가능한 일이다.

불교에서는 우주공간이 무한한 세계로 구성되어 있다고 한다. 이들 세계에는 태양과 달이 하나씩 있는데(태양계와 유사), 이것이 일천 개 모인 세계를 소천세계小千世界라 한다. 이 소천세계가 하나의 단위가 되어서 다시 일 천개가 모이게 되면 이를 중천세계中千世界라고 한다. 다시 중천세계를 단위로 하여 이것이 천개가 모이면 대천세계大千世界라 한다. 즉 천개의 세계가 소천세계이고, 백만(1000×1000)개의 세계가 중천세계이며, 십억(1000×1000×1000)개의 세계가 대천세계라는 것이다. 일 대천세계에는 일 소천, 일 중천, 일 대천이라는 삼천이 있기 때문에 삼천대천세계三千大千世界라 한다. 예컨대, '한순간의 느낌'과 생각 속에 이러한 우주 전체 크기의 세계가 들어 있다면 우리의 순간 순간의 삶의 의미는 얼마나 무한한가.

찰나에 영원이 깃든다. 우리가 순간순간 바라보고 접하며 생각해보는 사람[人]과 일[事]과 것[物]은 얼마나 넓고 깊은 의미로 있는가? 그것을 그렇게 바라보는 나는 또 얼마나 큰 의미인가?

4. 발우공양의 철학과 미학

스님들의 식사를 발우공양鉢盂供養이라고 한다. 밥그릇의 뜻인 '발우'에다 존경심을 갖고 공손하게 대접奉養하는 뜻인 산스크리트어 푸자(pūja)를 의역意譯한 공양供養이란 말을 붙인 것이다. 발우를 우리말로 바릿대라고도 한다. 공양은 본래 부처·보살菩薩 등에 대한 존경의 마음에서 향·꽃·등불·음식 등의 공물供物을 바치는 의식에 근원한다. 그래서 무언가의 보수를 구하거나 감사의 뜻을 표하고자 여러 신들에게 희생犧牲을 바치는 브라만교의 공희供犧를 뜻하는 야주냐(yajñā)와는 뜻이 다르다.

발우는 발鉢과 우盂가 결합한 것이다. '발鉢'은 인도 산스크리트어(범어)의 파트라(pātra)를 음사하여 발다라鉢多羅라고 하는

데 한자인 사발 우와 결합하여 약칭한 것이다. 발우는 승려가 항상 소지하며, 승가에서 사유물로 인정한 식기食器이다. 법法에 따른 수행법 즉 각자 자기가 먹을 수 있는 양에 따라 공양하는 그릇이라는 뜻에서 응량기應量器라 하며 줄여서 응기應器라고도 한다. '우盂'는 한자어로 음식물을 담는 그릇의 뜻이다. 따라서 발과 우는 모두 밥그릇을 말한다. 스님들의 식사법은 단순한 식사가 아니다. 부처님을 모시고 함께 공양하는 마음가짐으로 소중하고 경건하게 하는 것이다. 진리를 향해 수행하는 한 과정으로 행하는 의미의 식사이기에 법공양法供養이라고도 한다.

발우공양에는 모든 사람이 똑같이 나누어 먹는 '평등', 깨끗이 위생적으로 먹는 '청결', 조금도 남김없이 먹는 '절약', 말소리·그릇 부딪히는 소리·먹는 소리 등 일체의 소리를 내지 않는 '고요', 공동체의 단결과 화합을 이루는 '공동' 등의 뜻이 담겨 있다.

이처럼 스님들의 식사에는 철학적, 미학적 '의미意味'가 담겨 있다. 이 의미는 '밥을 먹는다'는 종교적 수행이 궁극적으로는 불교의 법法과 계율戒律에 뿌리를 둔 것이지만, 넓게는 불교를 넘어서서 인간의 보편적 일상적 삶에까지도 연결되어 있다.

스님들은 식사를 할 때 반드시 관상觀想하는 게송偈頌이 있다.

계공다소 량피래처 計功多少, 量彼來處
촌기덕행 전결응공 忖己德行, 全缺應供
방심이과 탐등위종 防心離過, 貪等爲宗
정사양약 위료형고 正思良藥, 爲療形枯
위성도업 응수차식 爲成道業, 應受此食

이것을 오관게五觀偈라고 한다. 오관게의 '관觀'은 '관상'한다는 말이다. 관상이란 사물事物을 마음에 떠오르게 하여 관찰觀察

하는 일이다. 관상은 내면적으로 조용히 그 무엇의 의미에 만들어 두고(가시화해두고) 그것에 대해서 생각해 보는 것이다. 그래서 명상이나 묵상 등의 개념과도 통한다. 그리고 관상은 '언제나 그 일을 마음 속에 생각하여 잊지 않는' 일이므로 생각할 념念 자와도 통한다. 관 자 한자만으로도 상이나 상념의 뜻이 들어 있지만 관에다 그것을 구체화하기 위해 상념을 붙여서 오관상념게五觀想念偈라고도 한다. 즉 스님들은 다음의 다섯 시 구절 내용을 관상하며 식사를 한다.

이 음식이 어디서 왔는가
내 덕행으로는 받기가 부끄럽네
마음의 온갖 욕심 버리고
육신을 지탱하는 약으로 알아
깨달음을 이루고자 이 공양을 받습니다.

또는

온갖 정성 두루 쌓인 이 공양을
부족한 덕행으로 감히 받누나.
탐심을 여의어서 허물을 막고
육신을 지탱하는 약을 삼으며
도업을 이루고자 이제 먹노라.

등으로 번역한다. 번역한 시 구절마다 약간의 어감 차이가 있지만 본질적인 의미는 같다.

즉, 쌀 한 톨에도 머리를 숙이며 그것이 자신에게까지 오게 된 정성을 생각하고 자신이 그것을 받을 자격이 있는지를 생각하는 마음, 만물에 머리를 숙일 수 있다는 것은 만물 존재의 진정한 '의미'에 눈뜨는 것이다.

이것은 '가치-소유' 미학에서 '의미-존재'미학으로 전환을 뜻한다. 가치-소유에 중점을 두는 미학은 '값'을 매기는 눈이 발달하여 상품가치-돈-자본의 사슬에 옥죄어 결국 죽음으로 치닫게 되지만, 의미-존재에 중점을 두는 미학은 우리 자신의 삶과 저변에 더욱 깊이 뿌리박아 삶의 근원적 힘을 형성해 간다.

의미는 바로 '뜻'이다. 우리 삶의 목적, 의의, 지향, 의지이다. '값'이 아니다. 값보다 뜻을 찾는 것, 그것이 인간이다. 값을 따지게 되면, 결국 값이 없는 것, 하찮고 낮은 값의 것은 버려지게 마련이다. 그러나 값이 없는 것, 하찮은 낮은 값의 것도 거기서 어떤 뜻을 찾게 되면 쉽게 버릴 수가 없다. 화성에서 생명체를 찾아내고 싶어하듯, 둥근 원에다 작은 점이라도 찍어 인간의 얼굴을 찾아내고 싶듯, 배가 고파서 의식이 흐려질 때 음식을 먹어 마음에 '점'을 찍으려[點心] 하듯이 우리는 무언가의 뜻(의미)을 찾는 존재이다. 생각과 마음의 한 '점'이 궁극, 절대와 통한다. 그래서 찰나의 뜻은 바로 궁극적(ultimate)이고 절대적(absolute)인 것이다.

5. 미와 예술 지향의 인간 '건달乾達'의 재발견

현재 좀 부정적인 뜻으로 쓰이긴 하지만, 우리나라에서 풍류가 있는 인간, 예술적인 인간을 나타내는 말은 '건달'이 적당하다고 생각한다.

국어사전에는 건달을 「하는 일 없이 건들건들(빈둥빈둥) 놀거나 난봉을 부리는 짓. 또는 그런 사람」을 가리키며, 이를 낮잡아서 건달꾼이라고 부른다. 건달은 백수白手와 함께 쓰여 '백수 건달' 또는 한량閑良과 유사한 개념으로도 쓰인다. 그런데, 건달은 돈이 없는 사람이다. 건달이 백수라는 말과 잘 결합하는 것도 그 때문이다. 이에 비해 한량은 돈이 많은 사람이다. 건달과는 좀 다른 면모가 있다. 아무 것도 가진 것이 없으면서 일은 하지 않고 난봉을 부리며 돌아다니는 사람을 지칭하는, 우리나라에서 잘 쓰이는 '건달'은 원래 불교용어 건달바乾達婆에서 유래했다. 건달바는 산스크리트어 간다르바(gandharva)의 음역이다. 향신香神, 식향食香 등으로 한역하며, 또 건달바甲乾婆, 건달박甲沓縛, 건답화乾沓和 등으로도 음역한다.

건달바는 우선 불교 팔부신중八部神衆의 하나로서 제석천帝

그림 12) 경주 석굴암의 건달바 모습(위)

그림 13) 북경北京 대혜사大慧寺의 건달바상(아래)

釋天 ; Indra의 음악을 맡은 신[= 樂神]을 말한다(그림 12, 13). 팔부신중八部神衆은 고대 인도의 사악한 신[邪神]이었지만 석존釋尊에게 교화되어 불법佛法을 수호하게 된 여덟 종류의 신[= 天部]을 말한다. 이것을 천룡팔부중天龍八部衆 또는 용신팔부중龍神八部衆라고도 한다. 천룡팔부중은 사천왕四天王의 전속專屬으로서 『법화경法華經』 등 대승경전에 많이 나온다. 지금도 인도에서는 건달바를 음악을 전문적으로 하는 악사樂士나 배우를 가리키고 있다. 그리고 건달바의 다른 뜻은 '사람이 죽어서 다음 생을 받을 때까지의 몸' 즉 '중유中有[2]의 신체'를 말한다.

우리가 흔히 사용하는 건달은 이러한 뜻들에서 바뀐 것이라 하겠다. 즉 매일 허공을 날아다니면서 노래나 부르는 악신樂神, 식성도 특이해 술과 고기는 먹지 않고 향만 먹고사는 향신香神, 게다가 '사람이 죽어서 다음 생을 받을 때까지의 몸'의 의미가 합해져서 '실체도 없이 공중을 떠다니는 뜬구름과 같은 존재'를 뜻하게 되었다. 그래서 불교에서 인생의 덧없음을 건달바의 성[乾城]과 같다고 비유한다. 건달바를 추구하는 것은 부질없는 일일 뿐이다.

건달은 본래 불교 용어 '건달바'에서 출발하여 존재의 뿌리가 불확실한, 언제 어떻게 될지 모르는 불안한 존재, 아무 하는 일없이 빈둥거리며 놀거나 게으름을 부리는 사람, 또는 가진 밑천을 다 잃고 빈털터리가 된 사람을 가리키게 되는 등 그 어형과 의미가 변한 것이다. 이런 뜻들은 현재 우리의 국어사전에 정착

---

2 불교에서는 사람의 생을 본유(本有), 사유(死有), 중유(中有), 생유(生有)의 단계로 나누는데, 죽어서 다음 생을 받기까지를 중유라 한다. 중유의 몸은 하늘을 날아다니며 생전에 지은 업에 따라 새로운 생명을 받아 태어나게 되는데, 죽어 다시 환생하기 전까지의 불안정하고 허공에 뜬 상태를 '중유'라 한다.

하게 되었다. 우리나라에서 건달'이라는 단어는 16세기의 『순천 김씨언간』에 처음 보인다고 한다.

처음에 건달바라는 말은 악사나 배우의 뜻으로 쓰였는데, 노래나 배우(광대) 노릇을 하는 사람을 천시했던 풍습에 따라 그저 할 일 없이 먹고 노는 사람으로 전용하게 된 것으로 보인다. 더욱이 요즘에는 건달을 불량배나 깡패의 의미로도 쓰지만, 이것은 의미가 변형된 것이다.

인도 신화에는 음악의 신들이 등장하는데, 천룡팔부중天龍八部衆의 하나인 건달뿐만 아니라 긴나라(緊那羅, Ki nara)가 있다. 그리고 불경에 나오는 상상의 새 가릉빈가(迦陵頻伽 혹은 歌羅頻伽, Kalavinka)도 있다. 하지만 우리 풍토에 깊이 정착하여 잘 알려진 것은 건달이다. 우리가 건달을 룸펜(Lumpen), 놈팡이에 가까운 부정적 해석을 내리게 된 것은 우리나라 전통사회의 예술인 계층 천시와도 관계된다. 이제 우리가 중시할 것은 건달의 본래 의미이다. 건달은 풍류인, 예술인의 표상이라 할만하다. 불교 용어로 풍류, 혹은 선비에 해당하는 말은 건달이라고 본다. 이 건달은 그리스 신화에 나오는 시나 음악 등의 여신 뮤즈(Muse)(그림 14, 15)를 떠올리면 좋겠다.

그림 14) 기원전 430년경에 제작된 헤리콘 산의 뮤즈 그림(왼쪽)

그림 15) 라파엘로의 「파르낫소스」 속에 보이는 뮤즈 (중앙의 오른 쪽에 하프를 든 여인)(오른쪽)

우리가 전통적으로 말하는 풍객風客, 풍류객風流客, 선비 등에 해당하는 불교적 예술인의 용어는 건달이 아닌가 생각한다. 건달은 불법佛法을 수호하는 예술의 신 중의 하나이며 불법의 본질[體]과 그 실현[用]의 구조 속 - 마치 서양의 예술가가 <미 beauty - 예술/예술품art/fine art>의 구조 속에 있듯이 - 에 위치한다. '건달'은 <법法/여래如來 - 법화法華/장엄莊嚴>의 구조 속에 있다. 이것은 유가儒家의 선비[士]가 <신神/성聖 - 문文/예藝> 속에, 도가의 '도사道士'가 <진眞/도道 - 기技/예藝> 속에, 우리나라의 '화랑도花郞徒/풍객'이 <묘妙/현묘玄妙의 도(=玄妙之道) - 풍류風流/멋> 속에 위치하는 것처럼 말이다.

사실 우리나라의 문맥에서 본다면 전통 국악인, 시인과 같은 풍류객들은 모두 건달에 해당한다. 무애無碍의 가무歌舞를 개척한 신라의 원효(元曉, 617-686)도, 황진이(黃眞伊, ?-?)와의 스캔들로 유명한 서화담(徐敬德, 1489-1546)도, 아니 황진이도 당대 최고의 건달이었다고 보면 좋겠다, 우리 문맥에서 건달은 '쫌생이', '쪼잔한 인간'으로 표현되는 통 좁고, 한 분야에만 천착한 직인職人(=器)의 기질을 뜻하지는 않는다. 세속의 주식재기酒色財氣/음식남녀飮食男女에 발을 딛고 있으나 세속에 물들지 않은 청정한, 딱 정해진 그릇=틀이 없는[不器] 보편 지향의 통 큰 인물이다.

건달은 현묘의 도를 알며, 예에서 노닐[遊於藝] 줄 아는 사람들이다. 그들은 개별의 경계를 넘어서거나 각 경계들을 화쟁和諍하는 이른바 통섭적 성취[歸一心源]를 갖는다. 물론 건달은 하늘에도 땅에도 정착하지 못하고, 실체 없이 떠돈다는 비판도 가능하겠다. 하지만 건달은 '구름에 달 가듯이 가는', '가는 듯 돌아오는' 달관達觀과 제주諦住의 의미를 아는 존재이다. 다시 말해서 건달은 기복적 태도(=請願態)를 벗어나, 삶과 세계의 너른 지평과 그 '의미'에 대한 성찰을 구하며希求態, 나아가서는 주객 미분/통합의 경지(=諦住態)에 '터벅터벅 걸어서' 다다름을 목표로 한다.

우리나라 건달의 핏줄에는 '음주가무飮酒歌舞를 즐기는' 고대적 풍류風流의 힘이 저류한다. 그러나 그들이 먹고 마시며 노래 부르며 놀기를 좋아하지만, 궁극적으로는 '의미의 미학'을 추구하는 순수 지향의 인간이다. 하늘=절대[天]를 지향하고, 그 절대에 대한 경건[敬]과 믿음[信]이라는 안전장치가 있기에 '생긴 대로' 놀아도 파멸, 파탄에 이르진 않는다.

건달은 하나의 경계境界에 갇히기를 싫어하고, 경계를 넘나들며 성[聖]과 속[俗]의 사이[間/際]에서 생활한다. 길[道]을 따라서 노닐지만[藝術], 한곳에 머물다가도 정처[정착함]없이 유랑을 거듭하는 이른바 정착과 유랑 사이에서 '의미'를 찾아 '터벅터벅' 걷는 '걷기의 달인'인 것이다.

12장 마치며

1. 늪의 글쓰기

지금까지 논의한 것을 간략히 정리해본다면 다음과 같다.

늪은 학문적 장르의 통합, 여러 학문 영역 간의 대화에 하나의 모형을 제공할 것이라 생각한다. '일一에서 다多로, 다多에서 일一로' 라는 그 근거를 찾을 수 있는, 이른바 인문적 상상력의 유비쿼터스(Ubiquitous)이기 때문이다.

늪은 『법계도法界圖』 혹은 『선기도璇璣圖』의 발상법에서 살필 수 있듯이 첨단의 편집술이기도 하며, 지식과 문화가 통합, 통섭의 방향으로 진행될 경우 좋은 인문적 상상력의 원천이 될 것이다.

아울러 이 늪의 착상과 기법은 새로운 문화 콘텐츠 개발, 영상, 디자인, 편집, 정보 등의 분야에서도 응용할 수 있다. 왜냐하면 늪의 사고는 전심신全心身이 만들어 내는 사고, 감각, 느낌, 상상을 총동원하는 이른바 다차원적, 포괄적, 중층적인 표현법이자 사고이며 또한 글쓰기이자 편집술이기 때문이다.

생각하고 느끼는 모든 것(=시視·청聽·촉觸·통각痛覺, 즉 색성량미촉법色聲香味觸法의 모든 느낌과 생각)의 연쇄를 입체적으로 표현하고 디자인해내는 것은 전심신全心身의 움직임을 남김없이 '느낌/알아차림/챙김' 바로 그것이다. 이렇게 하면 삶과 사물에 대한 '중층적인 것'의 '논리적 파악 능력의 증대가 가능하고 또한 직관적·시적詩的인 사고와 상상력을 가시화·구체화·영상화하여 콘텐츠화 하는 길을 열 수 있을 것이다.

늪이 갖는 유비쿼터스적 은유는, 말하자면, '읽고 분석하고 기억하는 모든 것을 마음 속에 지도를 그리듯이 사고하는 훈련법'인 마인드맵이론(mind-map theory), '일정한 테마에 대해, 회의 형식을 채택하여 구성원의 자유발언을 통한 아이디어의 제시를 요구하고 발상을 찾아내려는 다자간 대화와 논의방법'인 브레인스토밍(brainstorming)의 방법이 이미 내포되어 있다. 이러한 늪에 착안한 사유, 글쓰기는 자신을 중층적으로 조망해보며 자기 치유를 해갈 수 있는 힌트를 얻을 수 있다. 생각의 넓이와 깊이 확대 글쓰기 능력의 증대 자기 치유 능력의 증대는 결국 종교치료, 철학치료, 예술치료 등과 같이 효과를 갖는다.

아울러 늪에는 생성과 소멸, 성聖과 속俗 등의 이분법적 차별이 없다. 집도 담도 없이, 그 모두가 다 허물어져 어울리기에 경계가 없다. 그러나 거기엔 엄연히 개별의 고유한 경계가 있다. 경계 없이 경계와 소통하니, 둘도 아니고不二 그렇다고 무조건적인 하나도 아니다不一. 늪에서는 나와 전체가 그 각각의 고유성을 유지되면서 함께 굴러갈 수 있는 이른바 사사무애적事事無碍的 방법론을 찾을 수 있다. 이러한 늪의 사고나 글쓰기는 이지적, 이성적 능력 외에 미적, 예술적, 시적 상상력을 증대시켜 자신과 사물의 새로운 '의미'에 대해 눈을 뜨게 할 수 있을 것이다.

이 책에 실린 글들은 최근 몇 년간 일관된 주제로 발표해 온 것들을 일부 혹은 대폭 보완, 수정하여 편집한 것이다. 따라서 장별로 그 출처를 밝혀두고자 한다.

책 머리에

『오늘의 동양사상』(서울 : 예문서원) 36호(2004, 봄/여름) 「철학이 있는 시」난에 발표한 「늪」이란 제목의 글을 부분적으로 참조한 것임.

6장 늪, 나의 글쓰기와 철학의 발상지
『젊은 철학자의 늪의 글쓰기 : 크로스 오버 인문학』(서울 : 장승, 2003)의 머리말인 「'늪의 글쓰기'를 위한 변명」을 수정한 것임.

7장 깨달음에 이르는 글쓰기를 위하여
『불교평론』(불교시대사) 제16호(2003·가을호)에 실린 「깨달음에 이르는 글쓰기를 위하여」를 수정한 것임.

8장 늪, 늪의 글쓰기
『불교평론』(불교시대사) 제17호(2003·겨울호)의 「늪, 늪의 글쓰기」를 수정한 것임.

9장 인문학, 편집술, 사적 글쓰기 혹은 연기적 글쓰기
『인문연구』(영남대 인문과학연구소) 제45호·46호(2004)에 실린 「인문학, 편집술, 事的 글쓰기 혹은 緣起的 글쓰기」를 수정, 보완한 것임.

10장 장르의 통섭을 위한 시론1: 시와 철학, 하나의 본질 두 갈래 길
『시인세계』(문학세계사) 제13호(2005·가을호)에 실린「시와 철학, 하나의 본질 두 갈래 길」을 수정한 것임.

11장 장르의 통섭을 위한 시론2: '의미의 미학'을 위하여
『생각과 느낌』(생각과 느낌사) 36호(2005·겨울)에 실린 「불교미학, '발우공양'과 '건달'에 주목해야」를 대폭 수정, 보완한 것임.

2. 해설: 최재목의 멋과 늪과 건달

교수는 흘러넘쳐도 학자는 거의 없고, 철학 교수는 많아도 철학자는 보기 드문 시대에 최재목은 제대로 생각하는 철학자이다. 방금 '제대로' 생각한다고 했지만 나는 도리어 실례가 아니라면 '나름대로, 마음대로, 멋대로' 생각하는 철학자라고 부르고 싶다. 특히 '멋대로'라는 말에는 단순히 '함부로'나 '하고 싶은 대로'라는 식으로 오해될 수도 있으니 약간의 설명이 필요하다. 무엇보다도 '멋'이 전제되어야 한다는 점이다. '멋'에는 엘레강스라는 말이 풍기는 우아하고 고상함이란 뜻이 있다. 그러나 더욱 중요한 점은 사물의 참맛이라는 숨은 뜻도 있다는 것이다. 나는 이 두 가지 뜻이 최재목의 '멋'대로를 결정한다고 본다. 최재목은 사물의 참맛을 나는 가장 엄격한 의미의 철학자다운 철학자이다. 동시에 우아하고 고상한 엘레강스의 멋있는 철학자이다.

최재목의 <늪>에서도 종래 오해받은 개념들을 재조명하지만, 그 중에서도 가장 흥미로운 부분은 책의 마지막에 나오는 '미와 예술 지향의 인간 건달의 재발견'이다. 최재목은 건달을 풍류가 있는 인간, 예술적인 인간으로 재해석한다. 그 근거로 제시하는 불교철학을 최재목이 충분히 설명하므로 여기서 재탕할 필요는 없겠다. 그러나 건달이 오늘날처럼 부정적인 의미로 변형된 것은 우리 전통사회에서 예술인을 천시한 결과라는 그의 분석은 다시 강조할 필요가 있다. 그러나 더욱 중요한 점은 그가 건달을 통 좁고 한 분야에만 천착하는 직인이 아니라, 세속에 발을 딛고 있으나 그것에 물들지 않는, 틀이 없는 보편 지향의 큰 인물로 재조명한 점이리라. 어쩌면 위에서 말한 철학자의 참모습이리라.

최재목의 건달론은 이미 니체로부터 사이드까지 현대사상이 모색한 새로운 노마드적 인간상에 다름 아니다. 굳이 그런 서양철학을 들먹일 필요도 없이 그런 인간상은 우리 시대에 가장 빈곤하면서도 그렇기에 더욱더 요구되는 인간상이다. 특히 직장인 월급쟁이 교수가 아닌 고뇌하는 전인적 학자의 모습이고, 동서 철학의 해설가 철학 교수가 아니라 동서 철학을 꿰뚫어 새로운 우리 철학을 모색하는 철인의 모습이다. 그것은 최재목 자신이고 또한 우리 모두여야 한다. 왜소하고 이미 시체처럼 굳어진 듯한 느낌도 드는 선비보다 더욱 매력적인 개념이다.

최재목이 재발견한 건달이라는 인간상의 추구가 이 책의 결론인지 아닌지는 잘 알 수 없지만 그런 인간상의 근원으로 늪을 이야기하는 듯한 느낌이 드는 것은 확실하다. 그의 늪에는 그 자신 최근 4~5년 간의 개인적 사색과 함께 21세기 초두의 시대적 고뇌가 함께 녹아져 있다. 그러나 그 모든 녹음의 깊이와 넓이 심지어 광기를 나 같은 속인이 알기에는 너무나 조용하다. 그의 새로운 글쓰기와 발상법, 인문학 내지 철학의 방법론까지 흘러나오는 그 늪의 엄청난 힘은 더욱 알기 어려울 정도로 크다. 늪이란 그의 시인으로서의 감성과 철학자로서의 직관이 이른 하나의 근원이기에 당연히 그럴 수밖에 없을지도 모른다.

최재목은 언제나 자기 삶의 이야기를 자신의 시나 철학의 근원으로 삼는 점에서 놀랍도록 생생함을 보여준다. 늪도 그가 근무하는 대학에 산재한 것으로서 그는 언제나 그곳에서 사색한다. 같은 학교에 근무하는 나도 그 늪을 지나쳤건만 왜 나에게는 늪의 사상이 떠오르지 않았을까? 어쩌면 그의 자생적 풍토 철학이라고 할 수 있는 발상법은 그의 다른 저서는 물론 시에서도 얼마든지 볼 수 있다. 가령 언젠가 최재목의 안내로 물곰을 처음 먹어본 적이 있는데, 나에게는 무심코 지나친 일이었으나 시인에게는 그것이 하나의 시 <아, 물곰>으로 꽃핀 점에 나는 새삼 감동한 바 있다. 놀랍게도 그는 너무나도 못생긴 물곰의 내면을 이해하고 그것에 대한 깊은 사랑을 고백한다.

물곰처럼 늪도 우리에게 전혀 주목되지 못했음에도 불구하고 그에게는 중요한 사색의 근원이 된다. 최재목은 그의 늪에 집도, 담도, 경계도 없다고 말한다. 시인이자 철학자인 그가 시와 철학의 경계를 뛰어넘었음은 이미 그의 다른 저술들에서 익히 본 바이지만, 이제 그는 시와 철학을 훨씬 넘는 모든 것의 통섭에 이르렀다. 즉 "늪은 문명의 주변지대에 위치하면서 도시와 과학기술, 자본주의가 쏟아내는 오만 잡것들을 받아들여 정화하며, 지하-지상, 생물-무생물-동물, 자연-인간 등의 삶의 건강한 생태 공간을 만들어간다. 바로 그것에서 사람의 무늬가 만드는 삶의 즐거움과 보람과 같은, 인문적 지성의 흔적을 발견할 수 있다." 그러나 동시에 늪에는 경계가 있음, 살아있는 것들이 살려고 몸부림치는 희망의 광기임을 그는 주목한다.

앞에서 잠깐 니체를 언급했으나 그가 늪에는 디오니소스성과 아폴로성이 공생한다고 보는 점에서나 희망의 광기를 말하는 점에서도 다시 니체를 떠올리게 한다. 그러나 그에게 늪은 도리어 불교적이라고 봄이 옳을 것 같다. 아니 차라리 그의 본령인 시적인 것이라고 해야 옳을지 모른다. 최재목은 시와 철학을 공존시키는 보기 드문 시인이자 철학자로서 주목받아 왔다. 그렇기에 그의 시도, 철학도 뿌리와 비전, 비판과 종합, 상상력과 수사력, 지성과 감성으로 빛난다. 언젠가 그의 시적 철학이 하이데거와 비견되어 재조명될 것으로 믿어 의심치 않지만, 나로서는 그 경지를 제대로 알 수 없다.

내가 아는 소박한 지식으로 그의 전공은 동양철학이고, 그 중에서도 양명학에 밝다. 불교에 가까운 실천유교인 양명학은 전통적으로 이단 취급을 받았으나, 학부 시절부터 그는 양명학의 자유분방에 반해 지금까지 그 분야에서는 우리나라에서 가장 뛰어난 학자이다. 그의 불교에 대한 조예 또한 너무나 깊어 주목되어 왔으나 <늪>에서 그것은 더욱더 빛나고 있다. 불교의 현대적 조명이나 재해석은 아마도 우리의 전통 사상을 되살리는 차원에서는 가장 중요한 화두일 것이다. 사실 불교를 구체적인 정치 사회사상의 차원에 끌어들이려고 하는 시도를 해본 적이 있는 나로서는 이제 최재목이 말하는 새로운 발상법으로서의 불교 이해로부터 근원적인 재검토가 필요하다고도 느낀다.

이는 특히 불교적 이해의 늪을 그가 오랫동안 모색해온 글쓰기의 새로운 모델로 삼는 점에서 중시할 필요가 있다. "늪의 글쓰기에서는 모든 장르들이 걸림 없이 만나 대화한다." 나아가 그것은 수행적, 치유적, 틈새의 글쓰기이다. 이를 설명하기 위해 그가 동원하는 불교의 법계도나 선기도의 심오한 발상법 역시 내가 부언할 필요가 없을 정도로 최재목은 해박하고도 알기 쉽게 설명하고 있다. 그리고 그것이 새로운 문화콘텐츠 개발, 영상, 디자인, 편집, 정보 등의 분야에 적용될 가능성에 대해서도 그 발랄함과 분방함이 너무나도 신선하게 우리를 자극한다. 그런데 철학자로서는 그런 길의 밝힘에 그쳐도 충분할 것이지만 역시 속인들에게는 좀 더 쉽고 구체적인 지도가 필요할지 모른다. 물론 그런 요구는 지나친 것으로서 이미 공학이나 교육학이나 신학 등에서 최재목의 발상법이 논의되고 있듯이 각자의 학문 분야에서 진지하게 개발해야 할 과제임은 두말할 필요도 없다.

최재목은 늪의 발견을 발상법의 회춘이라고 한다. 아직 젊디젊은 그가 회춘이라고 하여 적이 당황했으나, 이는 아마도 자기 내면에 대한 침잠을 뜻하는 것으로 이해하면 충분하지 않을지 모르겠다. 사실 그의 시적 철학하기도, 철학적 시쓰기도 언제나 내면에 충실한 자기반성에서 나온 것이었지만 저자가 굳이 '회춘'이라고 하며 자기 사색의 한 선을 획기적으로 긋는 점에 비추어 앞으로 그의 독자적인 철학 전개의 새로운 계기가 되는 책이 <늪>이 되리라는 예감을 하게 된다. 앞에서 최재목은 사물의 참맛을 아는 가장 엄격한 의미의 철학자다운 철학자이고 동시에 우아하고 고상한 엘레강스의 멋있는 철학자라고 했는데 <늪>은 그런 멋있는 철학의 새로운 출발로 그의 사색 과정에서는 물론 우리의 독서에서도 기억될 것으로 믿는다.

나는 특히 그가 위기에 처한 인문학을 누구보다도 깊게 고뇌하며 그야말로 온몸으로 그것이 뜻하는 우리 사회의 위기에 과감히 대처하는 뛰어난 지식인임을 주목해 왔다. 그의 자유와 생태를 지향하는 철학은 그의 시에도, 그의 저술에도 고스란히 살아있고, 이 척박한 시대에 그의 시와 철학을 통해 잃어버린 감성과 지쳐버린 지성을 다시 회복할 수 있는 것은 그와 동시대를 사는 우리의 축복이라고 나는 생각해왔다. 이제 <늪>의 철학을 통해 그는 다시금 숨을 고르면서 긴 호흡의 장도에 섰다.

박홍규 | 영남대학교 명예교수